BIBLIOTHÈQUE DE CRITIQUE RELIGIEUSE

La Résurrection du Christ

PAR

PAUL LE BRETON

PARIS
LIBRAIRIE CRITIQUE
ÉMILE NOURRY
14, rue Notre-Dame-de-Lorette, 14

1908

BIBLIOTHÈQUE DE CRITIQUE RELIGIEUSE
à 1 fr. 25 et 2 fr. 50

---

1. H. Loriaux. — **L'Autorité des Évangiles,** Question fondamentale, in-12 de 154 pages. . . . . . 1 fr. 25
2. P. Saintyves. — **Le Miracle et la Critique Historique,** in-12 de 150 pages . . . . Épuisé
3. A. Dupin. — **Le Dogme de la Trinité dans les trois premiers siècles,** in-12 de 88 pages . . 1 fr. 25
4. Dr E. Michaud. — **Les Enseignements essentiels du Christ,** in-12 de 120 pages . . . . . . 1 fr. 25
5. P. Saintyves. — **Le Miracle et la Critique Scientifique,** in-12 de 100 pages . . . . 1 fr. 25
6. J. de Bonnefoy — **Vers l'Unité de Croyance,** in-12 de 120 pages . . . . 1 fr. 25

7-8. *****. — **Le Programme des Modernistes,** traduction de l'italien, in-12 vergé . . . . . . 2 fr. 50

9-10. L. Chaine. — **Menus propos d'un Catholique libéral,** in-12 de 200 pages . . . . 2 fr. 50

11-12. J. de Bonnefoy. — **Le Catholicisme de demain** in-12 de 180 pages . . . . 2 fr. 50

13. — L.-G. Lévy. — **Une Religion rationnelle et laïque,** in-12 br. de 112 pages. . . . . . . 1 fr. 25

14. Catholici. — **Lendemains d'Encyclique,** in-12 de 125 pages. . . . . 1 fr. 25

15-16. A.-L.-M. Nicolas. — **Seyyed Ali Mohammed dit Le Bâb,** in-12 de 458 pages. . . . . . 2 fr. 50

17-18. H. Bois. — **La Valeur de l'Expérience religieuse,** in-12, br. de 200 pages. . . . . . . 2 fr. 50

19. — M. Hébert. — **Le Pragmatisme,** Etude de ses diverses formes et de sa valeur religieuse, in-12 broché de 107 pages . . . . 1 fr. 25

20-21. — J. Français. — **L'Église et la Science,** 1 beau vol. in-12 br. papier vergé . . . . 2 fr. 50

IMP. RENAUDIE, 13, RUE DE SÈVRES. — PARIS.

LA RÉSURRECTION
DU CHRIST

BIBLIOTHÈQUE DE CRITIQUE RELIGIEUSE

LA RÉSURRECTION DU CHRIST

PAR

Paul LE BRETON

PARIS
LIBRAIRIE CRITIQUE
ÉMILE NOURRY
14, Rue Notre-Dame-de-Lorette, 14

1908

AUX LECTEURS

Selon la dernière lettre encyclique du pape Pie X, il n'y aurait de par le monde qu'une unique vérité, *et cette vérité se trouverait dans l'Eglise catholique. Toutes les autres vérités dépendraient de cette vérité et n'en seraient que des corollaires. De là, une nécessité absolue pour tout homme venant en ce monde de connaître la vérité catholique et d'y adhérer fermement, sans hésitations et sans défaillances. Mais pour y adhérer, faut-il encore savoir en quoi elle consiste. A cette question, Pie X répond: « La Vérité se trouve dans l'enseignement infaillible de l'Eglise catholique: cet enseignement infaillible repose sur la parole de Dieu qui ne peut nous tromper étant lui-même la vérité par essence, et cette parole est renfermée dans l'Ecriture Sainte. »*

Puisque, selon Pie X, l'Ecriture Sainte est la parole de Dieu; et que l'enseignement qui y est contenu est la base de la foi et des dogmes catholiques: nous avons voulu, poussé par la curiosité, nous rendre compte, selon la mesure de nos moyens, du contenu de cette Ecriture. Mais afin de ne pas assumer une tâche trop lourde et trop longue nous avons examiné seulement la partie appelée communément le Nouveau Testament: c'est-à-dire les Evangiles et les Epîtres.

C'est le résultat de ce travail que, dans un esprit de vulgarisation, nous présentons au lecteurs, en six petits volumes succincts. Travail imparfait assurément mais sincère, et qui aura atteint le but que nous nous proposons, s'il pouvait inspirer au lecteur le désir de se rendre compte par lui-même de la valeur de l'Ecriture sainte et de tous les dogmes catholiques; au lieu de se contenter d'écouter et d'accepter de confiance les explications forcées et parfois si confuses et si embrouillées des docteurs catholiques.

Si, en scrutant les Ecritures, nous avons été plus curieux qu'il ne convient à un simple profane: du moins, on ne pourra nous reprocher d'avoir dénaturé les textes reçus. Nous les avons pris tels quels, tout en tenant compte de toutes les modifications dont ils ont été victimes au cours des siècles.

Il serait à souhaiter que le clergé suive notre exemple; qu'il ait, lui aussi, un peu de cette curiosité; curiosité qui le porterait à étu-

dier plus soigneusement les origines et le développement de la religion.

Des défections retentissantes se font dans les rangs du clergé instruit. Beaucoup de ceux qui tiennent encore avouent tout bas que les anciens dogmes ne sont plus soutenables, du moins dans leur teneur officielle.

Quelques obstinés, surtout parmi le clergé régulier, sont encore partisans de la défense quand même : ils produisent de temps en temps des livres apologétiques ou de défense, que, par de savantes coupures extraites de livres protestants ou rationalistes, ils s'efforcent de mettre au niveau de la pensée moderne; mais ces livres qui ne sont ni chair ni poisson ne se lisent plus du gros public et n'ont aucune signification pour la critique moderne, dont les attaques se portent de plus en plus sur le terrain de l'histoire du christianisme et de l'évolution des dogmes catholiques.

Or, sur le terrain historique, les docteurs catholiques sont nécessairement vaincus d'avance; car, à des faits historiques précis et irréfutables, ils ne peuvent opposer que des anathèmes.

Ils sont incapables d'établir historiquement la donnée de Jésus de Nazareth, Dieu; de Jésus établissant une société religieuse quel-

conque, de Jésus établissant un culte ou un magistère quelconque.

Si l'Eglise catholique consentait à reconnaître que le dogme de l'inspiration divine des livres sacrés n'a aucun fondement et qu'il est, de plus, en contradiction flagrante avec la façon de faire des écrivains sacrés. Si elle consentait à convenir, pièces à conviction sous les yeux, que les livres bibliques ne sont pas seulement l'œuvre d'individus isolés, mais de générations successives qui ont retouché et enrichi les Ecritures en les copiant, les améliorant et les complétant selon les besoins et les tendances religieuses de l'époque. Si l'Eglise catholique consentait à admettre que toutes ses prétendues institutions divines ne sont que des œuvres purement humaines. Si, elle consentait à reconnaître que ses dogmes prétendus intangibles ont évolué au cours des siècles, comme ils évolueront encore; sa situation serait préférable à celle qu'elle occupera dans quelque cent ans; alors que la vérité rationnelle éclatera aux yeux de tous, et que tous les catholiques, même les petits enfants, ne voudront plus prêter aucune attention, ni à ses affirmations, ni à ses négations, ni à ses menaces, ni à ses promesses.

Mais l'Eglise catholique fera-t-elle jamais ces concessions? Le parti dominateur qui s'est emparé de cette Eglise n'y verrait-il pas sa ruine complète? Elle préférera, pensons-nous, lutter pied à pied, par tous moyens, même les plus indignes, même les plus désespérés, jusqu'au bout, jusqu'à la culbute finale. Elle ne cessera jamais de lutter, espérant contre toute espérance? N'a-t-elle point son passé pour garant? Et ne sait-elle pas comment on mène les foules? N'a-t-elle pas à sa disposition de puissants moyens basés sur l'ignorance des masses, sur la peur de ses anathèmes? C'est très vrai; mais le passé est bien passé et l'avenir n'appartiendra qu'à la raison humaine.

***

Avant de donner à l'impression la série de petits livres que nous allons faire paraître, nous en avions communiqué le manuscrit à un critique éminent, qui, après en avoir pris connaissance, nous le rendit en nous disant : « Vos petites brochures sont inattaquables, quant au fond. Vous avez eu le soin d'appuyer toutes vos thèses sur les textes mêmes des Ecritures et vous avez loyalement fait vos citations. Ces textes que vous avez su choisir et amener chaque fois à propos parlent d'eux-mêmes et sont pleinement suffisants pour prouver à tout esprit désintéressé et non prévenu *le bien fondé de vos thèses. Vous vous êtes servi des armes mêmes de vos adversaires pour prouver le contraire de ce que vos adversaires cherchent inutilement à établir; et ce faisant, vous avez, de plus, prouvé que les docteurs catholiques après avoir modifié, arrangé, interpolé primitivement les textes autant qu'ils le purent et qu'ils le jugèrent utile, ne savent plus ou ne veulent plus comprendre, dans la personne de leurs successeurs, des textes restés à peu près immuables depuis le cinquième siècle et qui, par conséquent, n'ayant pas suivi l'évolution rituelle, cultuelle et dogmatique, sont maintenant en désaccord complet avec la doctrine actuelle de l'Eglise Catholique. Vos livres sont donc inattaquables et vos adversaires auraient mauvaise grâce à ne point le reconnaître.* »

« *Quant à la forme, vous vous exprimez dans un style auquel les théologiens catholiques ne sont point habitués: il choquera leur formalisme étroit, et ils le qualifieront, tout au moins, d'irrespectueux. Je pense donc que votre façon de vous exprimer servira de base, faute d'arguments sérieux, à l'attaque que ne manqueront pas de faire tous les doctes catholiques qui mènent le bon combat, par ordre. Mais, dites-moi, à quoi bon ces nouvelles brochures de démolition du système re-*

ligieux romano-catholique. Le pape régnant n'est-il pas capable à lui seul de détruire l'établissement catholique? Pourquoi venir de nouveau troubler la foi des simples? Que vous importe si la religion de Jésus est devenue entre les mains d'une faction religieuse un monument d'oppression des consciences et de tyrannie des intelligences? Tenez-vous à l'écart et gardez vos opinions pour vous; laissant les foules moutonnières suivre leurs bergers quels qu'ils soient. Laissez au peuple catholique sa foi naïve et confiante. Quant aux meneurs de l'opinion catholique, soyez bien certain que vous ne changerez en rien leur mentalité. Ce sont des gens qui ont intérêt à ne point se rendre à l'évidence. Le jour où tous ces gens là agiraient franchement et parleraient loyalement, il n'y aurait plus dans la religion catholique que des chrétiens et non des cléricaux romains. Or, Rome ne permettra jamais cette évolution qui serait le commencement de l'anéantissement de sa puissance dominatrice si péniblement acquise au cours des siècles. »

C'étaient là des paroles judicieuses; cependant, elles ne nous ont point arrêté; car nous n'avons pas écrit ces brochures pour les foules ignorantes et moutonnières qui ne les liront pas, et que, par conséquent, nous ne troublerons point; nous ne les avons pas écrites non plus pour les meneurs cléricaux qui ont des yeux pour ne point voir, des oreilles pour ne pas entendre, une intelligence pour ne pas comprendre et des injures à l'adresse de tous ceux qui ne pensent pas comme eux.

Nous les avons écrites pour tous les intellectuels que les problèmes religieux intéressent, et qui, ne peuvent se procurer les ouvrages dispendieux dans lesquels toutes ces questions sont traitées à fond; et qui aussi, n'étant pas habitués au style scolastique, seront heureux, pensons-nous, de trouver, clairement résumées dans de petits livres, toutes les questions religieuses importantes débattues à notre époque.

Nous les avons écrites et nous les publions, parce que nous espérons que le catholicisme romain évoluera dans le sens du progrès scientifique, dans le sens de l'humanité actuelle évoluant elle aussi vers un avenir meilleur. Bien que, par suite des découvertes scientifiques modernes et par l'évolution de la pensée moderne, l'Etablissement catholique romain avec sa hiérarchie de droit divin, ses dogmes intangibles, ses sacrements, son rite actuel, doive nécessairement subir un déchet considérable, nous sommes persuadés qu'il y a encore dans le catholicisme actuel une vita-

lité qui lui permettra de traverser la crise et d'évoluer, en ne gardant que l'essentiel de la pensée de Jésus : c'est-à-dire, la croyance en un Dieu bon, père des hommes et en une religion basée sur un idéal de concorde, de paix et de charité. Si le catholicisme n'évoluait pas dans ce sens, il se rétrécirait de plus en plus en une secte fermée à tout progrès et s'éteindrait peu à peu, comme ce fut le cas pour la primitive Eglise de Jérusalem, composée de chrétiens judaïsants qui restèrent ankylosés dans leur particularisme juif.

Dans notre travail, nous nous sommes servis, pour la connaissance du texte biblique, du texte grec reçu et admis par l'Eglise catholique et nous avons mis largement à contribution tous les auteurs modernes, surtout ecclésiastiques qui ont traité les sujets que nous présentons au public.

En définitive, nous reconnaissons que la plus grande partie de notre travail ne se compose que d'extraits.

Le seul mérite que nous puissions nous attribuer, est celui d'avoir judicieusement fait ces extraits et de les présenter dans un style clair, précis, débarrassé de lieux communs et de la terminologie barbare de l'Ecole.

En publiant ces brochures, nous croyons rendre service aux intelligences troublées qui veulent se faire une conviction qui les arrachera à leurs angoissantes inquiétudes.

Nous souhaitons à chacun de nos lecteurs que les paroles de Paul à ses chrétiens se réalisent pour eux aussi : « La Vérité vous délivrera. »

CHAPITRE PREMIER

Le fait de la Résurrection

Dans la publication de nos petites brochures, nous avons jugé à propos de faire paraître, en premier lieu, celle qui concernait la Résurrection de Jésus; car, nous pensons qu'il est utile d'attirer tout d'abord l'attention du lecteur sur ce fait capital centre et pivot de l'apologétique traditionnelle.

La Résurrection du Christ, en effet, est un fait d'une telle importance que l'évêque d'Hippone, Augustin, a pu dire: « *Si vous enlevez la réalité de la Résurrection, vous renversez aussitôt tout le christianisme.* »

C'est donc une nécessité pour l'Eglise catholique, d'établir sans aucune hésitation possible et sans aucune obscurité si minime soit-elle, la véracité absolue de la résurrection du Christ. — Or, l'Eglise catholique a-t-elle réussi, soit primitivement, soit au cours des siècles, à démontrer la véracité de cette résurrection et à la démontrer d'une façon irréfutable?

Non, elle ne l'a jamais pu. L'Eglise a été obligée d'imposer de force cette croyance à la résurrection. Toute l'histoire de l'Eglise est remplie des luttes que necessitèrent l'imposition de ce dogme. L'Eglise n'a jamais essayé de démontrer la Résurrection, pièces historiques en mains. Et quand certains de ses apologistes ont essayé d'établir cette Résurrection par des arguments apologétiques non historiques, les preuves qu'ils apportaient étaient si faibles et si dénuées d'évidence, qu'elles faisaient dire à l'évêque Hippone : « *Je ne croirais pas à la résurrection du Christ, si l'autorité de l'Eglise ne m'y contraignait pas.*»

Si dans le cours des siècles, les défenseurs des dogmes catholiques ont cherché à établir la réalité de la Résurrection par des arguments basés sur la diffusion rapide du christianisme, sur le caractère des premiers prédicateurs de l'Evangile, sur des miracles qui auraient précédé, accompagné et suivi la prédication évangélique ; l'Eglise du premier siècle ne songea point à employer ces moyens. Les tout premiers apôtres prêchèrent Jésus ressuscité : mais sans jamais expliquer le comment du fait de la Résurrection. Le Christ était ressuscité : les apôtres l'avaient vu, non ressuscitant mais ressuscité. Ils étaient les témoins de cette Résurrection. Quand ce fait avait-il eu lieu ? Comment s'était-il produit ?

C'est ce qu'ils ne disaient pas ; par la bonne raison qu'eux-mêmes l'ignoraient. Ils se bornaient à annoncer Jésus ressuscité : « Ce Jésus, Dieu l'a ressuscité ; nous en sommes tous les témoins. » (Actes des Apôtres, II, 32 ; III, 15.)

Leur affirmation devait suffire. Et en effet, elle fut suffisante dans les premiers temps du christianisme. A tous ceux qui acceptaient cette affirmation, on parlait du Royaume à venir : de la Jérusalem céleste qui, incessamment, allait descendre du ciel, toute parée comme une épouse et prête à recevoir l'époux et ses invités. On parlait aussi de la nécessité de se tenir prêts ; tout en se conformant aux enseignements des apôtres et à la pratique des vertus évangéliques, afin de pouvoir être admis dans la cité sainte au jour du grand avènement.

Comme preuves de la résurrection du Christ : aucune. Aucune preuve, en dehors du témoignage formel des apôtres. Ils étaient les témoins du Christ ressuscité, ils l'avaient vu, vivant, bien vivant, après sa Résurrection. On devait croire leurs affirmations sur parole : « *Fides ex auditu.* » Ceux qui croyaient seraient sauvés ; ceux qui ne croyaient pas, seraient condamnés et jetés dans les ténèbres extérieures, hors de la cité sainte réservée aux seuls croyants.

C'était là la Bonne Nouvelle que les apôtres étaient chargés d'annoncer : La résurrection de Jésus ; gage et prototype de la résurrection future de tous les fidèles de Jésus ; gage aussi du royaume messianique réservé aux seuls élus des douze tribus d'Israël. Royaume, tout d'abord essentiellement juif, réservé aux seuls juifs de la secte de Jésus ; jusqu'à ce que Paul de Tarse eut réussi à l'élargir en y faisant admettre les Gentils, malgré la vive opposition des judéo-chrétiens : opposition concentrée dans la personne des premiers disciples et des frères de Jésus, héritiers des volontés du Maître.

CHAPITRE II

La Résurrection d'après les quatre évangiles

ARTICLE PREMIER

Heure et jour de la visite des femmes au tombeau

Avant d'aborder cette question, établissons d'abord la façon dont les Juifs, à l'époque du Christ et de la composition des évangiles, comptaient les jours.

Dans la computation des jours, les Juifs se servaient non du soleil, mais de la lune. Au lieu de l'année solaire, ils avaient l'année lunaire ; et par suite, le jour lunaire qui commençait à 6 heures au soir et se terminait le lendemain soir à 6 heures. La nuit, ainsi que le jour, comprenait douze heures divisées en quatre veilles de trois heures chacune. Ainsi, notre six heures du soir était la première heure de la nuit, et, en même temps, le commencement de la journée sidérale et légale. Pareillement, notre six heures du matin était la première heure du jour et le commencement de la première veille de jour. (Les postes des soldats romains étaient relevés à chaque trois heures ou veille.)

Notre minuit était donc la sixième heure de la nuit; et notre midi, la sixième heure du jour. C'était vraiment le milieu de la nuit et le milieu du jour.

Quel jour donc et à quelle heure les femmes vinrent-elles au tombeau?

Selon JEAN. — Ce fut le 14 du mois de Nizan: un samedi.

Selon les trois autres évangélistes. — Ce fut le 15 de ce même mois de Nizan: un samedi également.

S'il n'y a pas entente chez les quatre évangélistes sur la date du mois, à cause de leur divergence au sujet de la fête paschale: il y a entente complète sur le jour de la semaine et sur l'heure approximative.

Tous les quatre fixent le samedi ou jour du sabbat, à la pointe du jour.

Quand il faisait encore nuit, dit l'un; quand le soleil se levait, dit l'autre; quand le soleil était levé, dit le troisième; à la première heure, quand les ténèbres duraient encore, dit le quatrième.

Voici les textes :

MARC, XVI-I. — « *Et lorsqu'on fut entré* « *dans le sabbat, Marie la Magdaléenne, Ma-* « *rie, mère de Jacques, et Salomé achetèrent* « *des aromates pour venir embaumer Jésus,* « *elles arrivèrent au sépulcre de grand matin,* « *le soleil étant levé, à la première du samedi.* « (Sabbat.) »

MATHIEU, XXVIII-I. — « *Tard, dans le* « *sabbat, au moment où le soleil luit, à la pre-* « *mière du samedi* (sabbat),*Marie-Madeleine* « *et l'autre Marie vinrent voir le sépulcre.* »

LUC, XXIV-I. — « *Mais à la première heure* « *du sabbat (samedi), au premier point du* « *jour, les femmes vinrent au sépulcre.* »

JEAN, XX-I. — « *A la première heure du* « *samedi (sabbat), Marie-Madeleine vint au* « *sépulcre, dès le matin, lorsque les ténèbres* « *duraient encore.* »

En fixant au samedi matin, la Résurrection du Christ, nous nous écartons de la donnée généralement admise à notre époque, qui fixe la Résurrection au dimanche matin. Nous maintenons cependant notre opinion qui pour nous est une certitude absolue. Nous pensons que l'on doit sous entendre le mot grec *orâ* (heure) et non pas le mot *êméra* (jour), comme on a commencé à le faire à partir de l'interpolation dans les évangiles de la donnée de

Jonas appliquée au Christ. Nous pensons également que l'on doit donner au mot de sabbat sa signification naturelle qu'il n'a cessé d'avoir chez les Juifs. De tous temps, chez les Juifs, le mot sabbat a été l'équivalent du mot samedi. On doit donc donner aux quatre textes des évangiles leur signification naturelle et les traduire par : « A la première heure du samedi ou sabbat » ; et non par : « Au premier jour de la semaine », comme si le texte portait ces mots grecs : « *Tê miâ êmera tès hebdomadès.* »

Article 2

Arrivée des femmes au tombeau trouvé vide

La visite par les femmes du tombeau trouvé vide ne se fait pas dans les mêmes conditions chez les quatre évangélistes.

Selon Mathieu. — Les femmes, ainsi que les gardes, assistent, du moins extérieurement, au fait de la Résurrection.

« *Marie-Madeleine et l'autre Marie vinrent* « *voir le sépulcre. Et voilà qu'il se fit un* « *grand tremblement de terre, car l'ange du* « *Seigneur descendit du ciel, et vint renver-* « *ser la pierre et s'assit dessus.... Il saisit d'ef-*

« *froi les gardes qui furent épouvantés et de-*
« *vinrent comme muets. Mais l'ange dit aux*
« *femmes.* » (Mathieu, XXVIII, 1 et ss.).

Selon MARC. — Les mêmes femmes trouvent la pierre du sépulcre enlevée. Pas d'ange sur la pierre. Mais un jeune homme assis dans le monument, à la droite du tombeau et qui parle aux femmes :

« *Et les femmes disaient entre elles : Qui*
« *nous ôtera la pierre de l'entrée du sépulcre.*
« *Et, en regardant, elles virent la pierre ôtée;*
« *or, elle était fort grande. Et entrant dans le*
« *sépulcre, elles virent un jeune homme assis*
« *à droite qui leur dit.* » (Marc, XVI, 2 et s.).

Selon LUC. — Les femmes trouvent également la pierre ôtée. Elles entrent dans le monument et cherchent le corps de Jésus qu'elles ne trouvent point. Pendant qu'elles se tiennent immobiles, consternées de cette disparition, deux hommes leur apparaissent et leur parlent :

« *Les femmes vinrent au sépulcre. Et elles*
« *trouvèrent la pierre du sépulcre renversée.*
« *Et, étant entrées, elles ne trouvèrent pas le*
« *corps du Seigneur. Et il advint que pendant*
« *qu'elles étaient consternées en leur âme de*
« *cela, près d'elles parurent deux hommes qui*
« *leur dirent.* » (Luc, XXIV, 2 et s.).

Selon JEAN. — Marie-Madeleine va seule au tombeau. Elle voit la pierre enlevée. Elle se sauve avertir Pierre et Jean qui accourent au sépulcre, entrent dans le monument et ne trouvent que les linges ayant servi à l'ensevelissement. Pas d'anges :

« *Marie-Madeleine vint au sépulcre, et elle* « *vit la pierre ôtée du sépulcre. Elle courut* « *donc et vint à Simon et à l'autre disciple* « *que Jésus aimait, et elle leur dit... Simon* « *entra dans le sépulcre et il vit les linges po-* « *sés à terre.* » (Jean, XX, 2 et s.).

ARTICLE 3

Nombre des femmes qui vont au tombeau

Selon LUC. — C'étaient Marie-Madeleine, Jeanne femme de Chouza, Marie mère de Jacques et leurs compagnes ; c'est-à-dire, tout le groupe des femmes galiléennes.

Selon MARC. — Il y a trois femmes seulement : Marie-Madeleine, Marie mère de Jacques et Salomé.

Selon MATHIEU. — Il n'y a que deux femmes : Marie-Madeleine et l'autre Marie.

Selon JEAN. — Il n'y a qu'une femme : Marie-Madeleine.

ARTICLE 4

Nombre des apôtres qui vont au tombeau

Selon JEAN. — Il y en a deux : Simon-Pierre et Jean.

Selon LUC. — Il n'y a que Simon-Pierre.

Selon MARC *et* MATHIEU. — Il n'y a point d'apôtres au tombeau.

ARTICLE 5

Nombre des anges au tombeau

Selon MATHIEU. — Il n'y en a qu'un et il se tient hors du tombeau.

Selon MARC. — Il y en a un aussi, mais il se tient dans le tombeau.

Selon LUC. — Il y en a deux qui se tiennent dans le tombeau, au même endroit.

Selon JEAN. — Il y en a deux aussi ; mais l'un se tient à la tête, l'autre aux pieds du tombeau. De plus, ces anges ne se montrent qu'à Madeleine et non aux deux disciples.

ARTICLE 6

Femmes apportant des parfums

Selon MARC *et* LUC. — Les femmes apportent des parfums au tombeau.

Selon MATHIEU *et* JEAN. — Il n'est point question de parfums.

ARTICLE 7

Paroles des anges aux femmes

Dans MATHIEU *et dans* MARC. — Les anges avertissent les femmes de dire aux apôtres d'aller en Galilée, parce que Jésus y est déjà parti. C'est là seulement que les disciples le verront :

« *Allez vite dire à ses disciples que le Sei-*
« *gneur est ressuscité. Voilà qu'il vous pré-*
« *cède dans la Galilée. Là, vous le verrez, je*
« *vous le prédis.* » (Mathieu, XXVIII, 7.)

« *Mais allez, dites à ses disciples et à Cé-*
« *phas qu'il vous a précédés en Galilée. Là,*
« *vous le verrez, comme il vous l'a dit.* »
(Marc, XVI, 7.)

Dans LUC. — Les anges avertissent les femmes du fait de la Résurrection ; mais ne parlent en aucune façon, ni d'aller en Galilée, ni d'apparitions à venir :

« *Et les anges dirent : Pourquoi cherchez-*
« *vous parmi les morts celui qui est vivant?*
« *Il n'est pas ici, mais il est ressuscité. Rap-*
« *pelez-vous comment il vous a parlé, lors-*
« *qu'il était encore en Galilée, disant : il faut*

« *que le fils de l'homme soit livré entre les* « *mains des hommes pécheurs, et qu'il soit* « *crucifié, et que le troisième jour il ressuscite.* » (Luc, XXIV, 5.)

Dans Jean. — Les anges demandent simplement à Madeleine pourquoi elle pleure :

« *Les anges lui dirent : Femme, pourquoi* « *pleures-tu?* » (Jean, XX, 13.)

Article 8

Attitude des femmes lorsqu'elles eurent été averties par les anges

Dans Mathieu, Luc *et* Jean. — Les femmes, selon l'ordre des anges, avertissent les apôtres.

Dans Marc. — Les femmes effrayées ne disent rien aux apôtres, malgré l'ordre formel de l'ange :

« *Et sortant du sépulcre, elles s'enfuient...* « *Et, elles ne dirent rien à personne à cause* « *de leur crainte .* » (Marc, XVI, 8.)

Article 9

Attitude des apôtres avertis de la Résurrection par les femmes

Dans Mathieu. — Les apôtres aussitôt avertis, s'en vont en Galilée :

« *Et les onze disciples s'en allèrent en Ga-*
« *lilée, sur la montagne, là où Jésus avait*
« *ordonné de se rendre.* » (Mathieu, XXVIII, 16.)

Dans MARC. — Les apôtres restent à Jérusalem ; se montrent incrédules aux paroles des femmes et aux paroles des disciples d'Emmaüs :

« *Et ceux-ci (les apôtres) entendant dire*
« *qu'il vivait (Jésus), et qu'il avait été vu, ne*
« *le crurent pas...*

« *Et ceux-ci (les disciples d'Emmaüs) allè-*
« *rent à Jérusalem l'annoncer aux autres qui*
« *ne le crurent pas non plus.* » (Marc, XVI, 11 et 13.)

Dans LUC. — Les apôtres restent à Jérusalem et se montrent également incrédules aux paroles des femmes.

Mais, à l'encontre de la narration de Marc ; lorsque les disciples d'Emmaüs reviennent à Jérusalem trouver les onze apôtres, ceux-ci bien loin d'être incrédules, affirment que le Seigneur est ressuscité.

« *Et les paroles parurent comme du délire*
« *et ils ne les crurent pas.* » (Luc, XXIV, 11.)

« *Et ils (les disciples d'Emmaüs) retournè-*
« *rent à Jérusalem et ils trouvèrent assemblés*
« *les onze disant : Le Seigneur est vraiment*
« *ressuscité.* » (Luc, XX, 33 et 34.)

Dans JEAN. — La nouvelle n'est annoncée qu'à deux apôtres qui courent au tombeau afin de se rendre compte du fait par eux-mêmes.

ARTICLE 10

Apparition de Jésus aux femmes

Dans MARC. — Jésus apparaît à Madeleine seule, sans rien lui dire. (Marc, XVI, 9.)

Dans JEAN. — Jésus apparaît à Madeleine seule et lui parle.

« *Allez à mes frères et dites-leur: Je monte* « *à mon Père et à votre Père; à mon Dieu* « *et à votre Dieu.* » (Jean, XX, 17.)

Dans MATHIEU. — Jésus apparaît à toutes les femmes et leur parle :

« *Et voilà que Jésus se présenta à elles, di-* « *sant: Salut.* » (Mathieu, XXVIII, 9.)

Dans LUC. — Les femmes n'ont aucune apparition du Christ.

Il est à remarquer ici, que par une contradiction que la mentalité spéciale des compilateurs évangéliques peut seule expliquer, le Christ, dans Mathieu et surtout dans Jean, vient donner un démenti formel aux paroles des anges. Les anges avaient averti les femmes que le Christ ne se montrerait qu'en Galilée; et voilà que dans Mathieu, il se montre près du tombeau même. Bien plus, dans Jean, il dit à Madeleine, en se montrant près du tombeau : Allez dire à mes frères que je monte à mon Père.

ARTICLE II

Apparition de Jésus aux apôtres

Selon LUC. — Le Christ ressuscité s'est montré près de Jérusalem et à Jérusalem même, le jour de sa Résurrection : d'abord, aux deux disciples d'Emmaüs ; ensuite, aux apôtres réunis dans une chambre. Et avant ces deux apparitions, Jésus se montre à Céphas, à Jérusalem aussi :

« *Et voilà que deux d'entre eux allaient le* « *même jour dans un village nommé Em-* « *maüs... Et il advint que pendant qu'ils s'en-* « *tretenaient et conféraient ensemble, Jésus* « *lui-même s'approchant, marcha avec eux...* « *Comme ils étaient à table, il prit le pain,* « *rendit grâces, puis l'ayant rompu, le leur* « *distribua. Alors leurs yeux s'ouvrirent, de* « *sorte qu'ils le reconnurent... Et ils retour-* « *nèrent à Jérusalem. Et ils trouvèrent assem-* « *blés les onze... Et ils racontèrent aux onze*

« *ce qui leur était arrivé. Et les onze leur di-*
« *rent : Le Seigneur est aussi apparu à Céphas.*
« *Et pendant qu'ils disaient ces choses, Jésus*
« *apparut au milieu d'eux.* » (Luc, XXIV, 13.)

Selon Jean. — Le Christ apparaît à Jérusalem, le soir même de sa résurrection. Puis, huit jours après, à Jérusalem encore et dans la même chambre. Puis, plus tard, sur le lac de Tibériade :

« *Donc lorsque le soir de ce jour du samedi*
« *fut venu, les portes étant fermées... Jésus*
« *vint.* » Jean, XX, 19.)

« *Huit jours après, les disciples étant encore*
« *dans la même maison, Jésus vint.* » (Jean, XX, 26.)

« *Ensuite, Jésus se manifesta de nouveau*
« *à ses disciples, près de la mer de Tibériade.* »
(Jean XXI, 1.)

Selon Marc. — Contradictoirement au récit de Luc et de Jean. Si le Christ apparaît aux deux disciples d'Emmaüs, les autres apôtres n'ont aucune apparition le jour de la résurrection : ils n'ont qu'une seule apparition, et ils ne l'ont que plus tard :

« *Enfin, il apparut aux onze lorsqu'ils étaient*
« *à table.* » (Marc, XVI, 14.)

Selon Mathieu. — Il y a chez Mathieu une opposition complète aux récits des trois autres évangélistes.

Sur l'avertissement des femmes, les apôtres quittent Jérusalem, le jour même de la résurrection, sans avoir eu aucune apparition et vont en Galilée. Jésus se montre alors à eux sur une montagne; mais il ne parvient pas à les convaincre tous de la réalité de sa résurrection ; quelques-uns croient, d'autres doutent :

« *Mais les onze disciples s'en allèrent en* « *Galilée sur la montagne là où Jésus leur* « *avait ordonné de se rendre. Et le voyant,* « *ils l'adorèrent; mais quelques-uns doutè-* « *rent.* » (Mathieu, XXVIII, 16 et 17.)

ARTICLE 12

Nombre des apparitions de Jésus aux femmes

MARC. — Marc connaît une apparition du Christ, à Marie-Madeleine seule.

MATHIEU. — Une apparition, mais à Marie-Madeleine et à Marie mère de Jacques, les deux femmes étant ensemble.

JEAN. — Une apparition à Marie-Madeleine seule.

LUC. — Luc ne connaît pas d'apparition de Jésus aux femmes.

ARTICLE 13

Nombre des apparitions de Jésus aux apôtres

MARC. — Marc connaît deux apparitions aux disciples.

La première, aux deux disciples d'Emmaüs.

La seconde, aux onze apôtres réunis à table, un jour quelconque.

LUC. — Luc connaît aussi deux apparitions aux disciples.

La première, aux deux disciples d'Emmaüs.

La seconde, aux onze apôtres, le soir de la résurrection.

JEAN. — Jean connaît trois apparitions aux disciples.

La première, à Jérusalem, dans une chambre, le soir de la résurrection, aux onze apôtres moins Thomas.

La seconde, à Jérusalem, dans une chambre, à un moment quelconque de la journée, aux onze disciples, Thomas y compris.

La troisième, à une époque quelconque, plus tard, sur le lac de Tibériade, à sept disciples seulement.

MATHIEU. — Mathieu ne connaît qu'une apparition, aux onze disciples, sur une montagne de la Galilée.

ARTICLE 14

Attitude du Christ pendant les apparitions

Selon LUC. — Le Christ apparaissant aux apôtres le jour même de la résurrection, c'est-à-dire, le samedi, leur fait constater la réalité de sa présence, leur ouvre l'entendement et leur promet l'Esprit saint. Et à la suite de cette apparition, a lieu son ascension au ciel, ce jour-là même, samedi :

« *Voyez mes mains et mes pieds... Un es-* « *prit n'a ni chair ni os... Avez-vous quelque* « *chose ici à manger. Ils lui donnèrent un* « *morceau de poisson frit et un rayon de* « *miel, ce qu'il prît et mangea devant eux...* « *Alors, il leur ouvrit l'entendement... Je vais* « *vous envoyer le promis de mon Père... Res-* « *tez en repos à Jérusalem jusqu'à ce moment.* « *Puis, il les mena dehors vers Béthanie; et* « *ayant levé ses mains, il les bénit. Et il ad-* « *vint que pendant qu'il les bénissait, il se* « *retira d'eux et il était porté vers le ciel.* » (Luc, XXIV, 36 et ss.).

Selon JEAN. — Le Christ fait encore constater sa présence. Mais contradictoirement à Luc, il leur donne l'Esprit, ne monte pas au ciel ce jour-là et a encore avec ses apôtres deux autres apparitions :

« *Lorsqu'il eut dit ces mots, il leur montra* « *ses mains et son côté... Puis, il souffla sur* « *eux et leur dit: Recevez le saint Esprit.* » (Jean, XX, 20.)

Selon MARC. — Le Christ, dans son unique apparition aux apôtres réunis, leur reproche leur incrédulité. Puis, il les envoie dans le monde entier prêcher l'Evangile. Et aussitôt après ces paroles, le Christ monte au ciel.

« *Enfin, il apparut aux Onze, lorsqu'ils* « *étaient à table et leur reprocha leur incrédu-* « *lité... Et le Seigneur Jésus après qu'il leur* « *eut parlé fut élevé au ciel.* » (Marc, XVI, 14.)

Le compilateur évangéliste ne juge pas à propos de spécifier si les apôtres mangeaient en plein air et s'il faisait encore jour. Il ne juge pas non plus à propos de dire comment les apôtres purent s'apercevoir que Jésus était élevé au ciel, dans le cas où l'apparition aurait eu lieu dans une chambre. Tous ces détails étaient hors de la préoccupation des rédacteurs des évangiles qui ne se souciaient en aucune façon de la réalité objective des faits qu'ils racontaient pas plus que de leur possibilité.

Selon MATHIEU. — Selon Mathieu, le Christ ne fait qu'une apparition et elle est localisée en Galilée. sur une montagne. Jésus ne parvient pas à persuader tous ses disciples de la réalité de sa présence. Malgré cela, il les envoie tous baptiser et enseigner toutes les nations; bien qu'avant sa mort, il leur avait formellement défendu d'aller dans les villes des païens et d'enseigner à d'autres qu'à des Juifs. Ensuite, Jésus assure à ses apôtres qu'il va rester avec eux jusqu'à la fin du siècle. Ici, il ne s'agit plus d'ascension au ciel : le Christ reste avec ses apôtres :

« *Et le voyant, ils l'adorèrent; mais quel-* « *ques-uns doutèrent. Et Jésus leur parla* « *ainsi. Allez donc, enseignant toutes les na-* « *tions... Voici que je reste avec vous, tous* « *les jours, jusqu'à la fin du siècle.* » (Mathieu, XXVIII, 16 et s.).

ARTICLE 15

Attitude des apôtres pendant les apparitions de Jésus

Selon JEAN. — Tous les apôtres croient à la réalité de la Résurrection, après avoir vu Jésus, et ils s'en réjouissent.

Selon MARC. — Les apôtres n'expriment aucun sentiment.

Selon LUC. — Les apôtres sont tout d'abord épouvantés et ne croient à la réalité de la Résurrection que lorsqu'ils ont vu le Christ manger.

Selon MATHIEU. — Il y a encore opposition entière avec les autres rédacteurs évangéliques de la Résurrection. A la vue du Christ, quelques apôtres croient et adorent Jésus : mais d'autres apôtres doutent et ne veulent pas reconnaître Jésus dans le personnage quelconque entrevu.

ARTICLE 16

Attitude des apôtres après les apparitions

Selon MARC. — Les apôtres suivent l'ordre formel de Jésus. Ils partent dans le monde entier prêcher l'Evangile aussitôt après l'apparition de Jésus :

« *Et le Seigneur Jésus après qu'il leur eut* « *parlé fut élevé au ciel; et eux étant partis* « *prêchèrent partout.* » (Marc, XVI, 19.)

Selon LUC. — Les apôtres restent à Jérusalem, également sur l'ordre formel du Christ : et ils n'en sortent pas pendant plusieurs années :

« *Les apôtres revinrent à Jérusalem. Et ils* « *étaient toujours dans le temple, louant et* « *bénissant Dieu.* » (Luc, XXIV, 52 et 53.)

« *Et ils restaient ensemble, allant chaque*

« *jour dans le Temple... En ces jours-là, com-* « *me les disciples se multipliaient... Alors les* « *Douze ayant convoqué la foule... En ce* « *temps-là, il y eut une grande persécution* « *contre l'Eglise de Jérusalem et tous se dis-* « *persèrent dans les champs de la Judée et de* « *la Samarie, hormis les apôtres.* » (Actes des Apôtres, I à IX.)

ARTICLE 17

L'Esprit saint promis ou donné, non promis et non donné

MARC. — Marc ne connaît ni Esprit saint promis, ni Esprit saint donné.

MATHIEU. — Il en est de même pour Mathieu.

JEAN. — Jean fait donner cet Esprit par Jésus lui-même, dans une de ses apparitions à Jérusalem, le jour même de la Résurrection : « *Quand fut venu le soir de ce jour-là, pre-* « *mier jour de la semaine, les portes étant* « *fermées, Jésus vint... et il leur dit.... Et,* « *après ces paroles, il souffla sur eux, en di-* « *sant : Recevez l'Esprit Saint.* » (Jean, XX, 19.)

LUC. — Luc ne connaît pas d'Esprit saint donné dans l'apparition du samedi soir : mais il connaît l'Esprit saint promis par Jésus dans cette apparition.

De plus, il connaît l'envoi du Saint Esprit fait seulement cinquante jours après le fait de la Résurrection :

« *Je m'en vais vous envoyer l'Esprit promis* « *de mon Père : Restez donc en cette ville* « *jusqu'à ce que vous soyez revêtus de force.* » (Luc, XXIV, 48.).

« *Le jour de la Pentecôte révolu, ils se trou-* « *vaient tous d'un cœur unanime, dans un* « *même lieu, lorsque soudain il se fit un grand* « *bruit du ciel, comme d'un vent soufflant* « *avec violence, lequel remplit toute la maison* « *où ils étaient assis. Alors leur apparurent* « *comme des langues de feu divisées, et il* « *s'en posa une sur chacun d'eux et ils furent* « *tous remplis du Saint Eprit.* » (Actes, II, 1 et s.).

Qui croire ? Que croire ? Marc et Mathieu ne connaissent ni Esprit saint promis, ni Esprit saint donné pendant les apparitions hiérosolomytaines et galiléennes.

Cependant Mathieu qui était l'un des Onze devait pourtant savoir à quoi s'en tenir et connaître si oui ou non il avait reçu l'Esprit ce jour-là. Ce n'est pas là un détail insignifiant.

Jean, qui était un juif, connaissait la vieille donnée biblique de l'Esprit donné par insufflation. C'est ainsi que dans les jardins de l'Eden, Jéhovah avait autrefois insufflé un esprit de vie dans le corps du premier homme.

Il fait donc agir Jésus comme autrefois on avait fait agir Jéhovah. Jésus insuffle son Esprit dans ses disciples. Jean ne connaissait pas les données de Luc et Luc ne connaissait pas les données de Jean. Luc qui était un païen converti a préféré faire donner l'Esprit d'une façon plus grandiose, plus théâtrale, à la façon des données païennes, alors que la descente de la divinité était toujours accompagnée de perturbations atmosphériques.

Mais, si tout le Nouveau Testament a été divinement inspiré, s'il ne contient pas d'erreurs en matière de foi, les catholiques qui réfléchissent doivent se trouver dans un singulier embarras. Qui croire? Que croire? Serais-ce que le premier Esprit qui n'était que l'Esprit de Jésus, n'était pas le bon, le véritable Esprit saint? N'y aurait-il de bon que l'Esprit du Père, comme l'indique Luc? Mais alors, si Jésus est Dieu et un avec son Père, comment son Esprit ne pourrait-il être aussi bon que celui de son Père?

Voilà sur quels textes des évangiles reçus

officiellement par l'Eglise, est établie la véracité absolue de la Résurrection de Jésus.

Les docteurs catholiques ont la prétention de trouver ces textes très probants et à l'abri de toute critique. Ils déclarent que toutes les objections que l'on peut faire contre ces textes ne sont que de misérables et méprisables chicanes de mots; et que, dans les récits évangéliques, c'est à peine si l'on peut trouver par çi par là de très légères variantes sur des détails accessoires et insignifiants qui n'ont aucun rapport avec le fait même de la Résurrection. Ils feignent d'ignorer que ce sont justement ces détails qu'ils qualifient d'accessoires et de peu d'importance qui composent dans leur ensemble et par leur réunion le fait même de la Résurrection; et que, si l'on enlève ces détails compromettants, il ne reste plus dans le récit de la Résurrection que l'affirmation dénuée de preuves des premiers apôtres : « Le Christ est ressuscité. » « Le Christ enseveli dans un tombeau en est sorti par la puissance de Dieu. »

Si, par suite de l'incohérence et de la contradiction qui règnent dans les quatre récits comparés ensemble, on ne peut accorder aucune confiance à des récits de faits, à des dépositions de personnages qui se contredisent et dont les témoignages s'entredétruisent;

quelle est la valeur probante de ces faits? Quelle est la valeur des dépositions de ces personnages? Aussi, se trouve-t-il nombre de mécréants qui ne sont pas de l'avis des docteurs catholiques et qui pensent, non sans raison, que si pareils témoignages, pareilles dépositions étaient apportés, devant un tribunal quelconque, pour prouver la réalité d'un fait, par des témoins qui auraient la prétention d'avoir été témoins oculaires et auriculaires; il n'y aurait qu'une seule voix parmi les juges et les assistants, pour repousser au nom du bon sens, au nom de la logique, au nom du sens commun, des témoignages aussi décousus, aussi invraisemblables et aussi contradictoires dans leur ensemble.

Mais les docteurs catholiques ont à leur service des argumentations et des démonstrations toutes spéciales qui s'appuient sur des preuves toutes spéciales.

Cependant, s'il est un fait qui aurait besoin d'être démontré et prouvé plutôt cent fois qu'une : c'est assurément une chose aussi invraisemblable, que la résurrection d'un mort, bien mort, véritablement mort.

Voyons maintenant, en terminant ce sujet,

comment les partisans de la véracité des livres saints et de l'accord complet de ces livres, ont réussi à faire concorder ensemble les textes de la résurrection avec les textes prêtés au Christ, au sujet des trois jours et des trois nuits passés dans le tombeau, à l'instar de Jonas dans le ventre du poisson légendaire.

Assurément, le scribe quelconque de la seconde génération après le Christ et les apôtres, qui compara le Christ à Jonas et introduisit cette donnée dans les évangiles, eut une bien malencontreuse idée. Il ne se doutait pas, sans doute, de l'embarras dans lequel il mettait les futurs exégètes. Il est vrai, pour son excuse, qu'à son époque, le souci de la véracité n'existait point. Seule, existait la vérité religieuse, véritable ancêtre de la vérité catholique, qui ne s'occupait que de raconter pour l'édification et l'instruction des pieuses et crédules intelligences. Plus les faits rapportés par l'écrivain sacré étaient extraordinaires et hors de toute vraisemblance : plus grande était la puissance de Dieu qui se joue de la raison humaine et la confond par les merveilles de sa droite.

Or, si le texte des quatre évangiles est clair en spécifiant que le Christ n'est resté qu'une seule nuit dans le tombeau, la nuit du vendredi au samedi, jour du sabbat ; le texte des paroles prêtées au Christ par l'interpolateur est très clair aussi : « *En vérité, je vous le* « *dis : comme Jonas fut trois jours et trois* « *nuits dans le ventre du poisson ; ainsi le* « *fils de l'homme sera dans le sein de la terre* « *trois jours et trois nuits.* » (Mathieu, XII, 40.)

Les traducteurs officiels des évangiles ne furent pas embarrassés pour si peu de chose. Marchant hardiment dans la voie de la vérité sur la trace des compilateurs évangéliques, leurs prédécesseurs véridiques, ils traduisirent : *A la première heure du sabbat* (*ou samedi*), par :*Au premier jour de la semaine*, reportant ainsi au dimanche matin, le fait initial de la résurrection de Jésus. Et ainsi, sous leur plume de traducteurs véridiques et attitrés, la première heure du samedi, jour du sabbat, devint la première heure du dimanche, jour du soleil.

Seulement, ce à quoi les premiers traducteurs ne réfléchirent pas dans la joie de leur découverte, c'est que, si le dimanche est devenu le premier jour de la semaine ; il était, à l'époque du Christ et plusieurs années après lui, le second jour de la semaine. Le samedi ou sabbat étant alors le premier jour de la semaine, et le jour du soleil devenu le dimanche étant le second jour de la semaine.

Par conséquent, les doctes et loyaux traducteurs retombaient dans la vérité, malgré eux et malgré leur mauvaise traduction. Le Christ était bien ressuscité le premier jour de la semaine ; mais ce premier jour, eu égard à la façon de compter des Juifs à l'époque du Christ et longtemps après son époque, se trouvait être un *Samedi* et non un dimanche.

Aussi, depuis un certain temps, les traducteurs officiels, jouissant de l'estampille épiscopale, à qui on a signalé la méprise des premiers traducteurs, ont inauguré une autre traduction. Ils traduisent maintenant la Vulgate déjà si fautive par un contre-sens de leur crû. *Unâ sabbati, unâ sabbatorum, primâ sabbati,* devient *le premier jour* APRÈS *le sabbat*. Quand une religion qui se dit divine en est réduite à des expédients semblables, ses partisans sont fort à plaindre.

Après ce tour de force, les docteurs catholiques comptent ainsi les jours que Jésus aurait passés dans le tombeau.

1° Quelques minutes de la journée du vendredi............... =	1 jour
2° Toute la journée du samedi.. =	1 jour
3° Quelques minutes de la journée du dimanche............... =	1 jour
Total......	3 jours

Avouant avec des façons de naïveté ingénue que si le Christ a parlé de trois jours, il n'a pas spécifié qu'il s'agissait de trois jours pleins.

Quant aux trois nuits, comme il était impossible de les rencontrer et que nos docteurs, malgré toute leur bonne volonté et leurs aptitudes à forcer les textes, n'en pouvaient trouver que deux : la nuit du vendredi au samedi et celle du samedi au dimanche, force fut de les passer sous silence et de modifier la parole du Seigneur, en libellant ainsi l'article du Credo officiel de l'Eglise : « *Je crois en Jésus-Christ qui est ressuscité le troisième jour.* »

Malheureusement encore, pour les concordistes coûte que coûte, il y a dans Luc un petit renseignement qui serait fort gênant pour la thèse des trois jours, si l'on n'avait la soigneuse précaution de le passer sous silence, comme on le fait d'ailleurs pour tous les textes embarrassants des divines Ecritures. Luc, en effet, a indiqué le moment précis de la soi-disant mise au tombeau : c'était le SAMEDI : « *Déjà le jour du sabbat commençait à luire.* » (Luc, XXIII, 14.)

Ainsi l'on était entré dans le sabbat : la journée sidérale, officielle et légale du sabbat ou samedi était commencée. (On sait qu'à cette époque, la journée commençait au moment qui est notre six heures du soir.)

Le Christ étant mort le vendredi vers trois

heures du soir; le compilateur évangélique qui a composé les faits de la résurrection qui se trouvent dans Luc a jugé que quatre ou cinq heures ne furent pas de trop pour les démarches de Joseph d'Arimathée et tout ce qui s'ensuivit.

Ainsi donc, d'après Luc, impossible de faire entrer en ligne de compte la journée du vendredi. Et comme, d'autre part, les quatre évangélistes sont tous les quatre parfaitement d'accord pour reconnaître que la Résurrection eut lieu avant l'arrivée des femmes, c'est-à-dire, avant la fin de la nuit, il ne resterait aux concordistes coûte que coûte que deux nuits et un jour, en admettant toutefois que les femmes seraient allées au tombeau le dimanche matin. Or, comme d'après les quatre évangélistes, elles y allèrent le samedi matin, jour du sabbat, avant le lever du soleil, alors que la Résurrection était déjà faite, il ne reste en fin de compte que la nuit du vendredi au samedi. Et encore, d'après Luc, cette nuit officiellement de douze heures n'aurait pas été complète.

Ainsi donc, d'après les textes mêmes des évangiles officiels, Jésus aurait à peine passé une nuit dans le tombeau et serait ressuscité le samedi matin avant le lever du soleil. Le rite cultuel de l'Eglise qui était en vigueur avant les élucubrations des interpolateurs et des docteurs catholiques, n'a pas oublié cette donnée primitive de Jésus ressuscitant pendant la nuit du vendredi au samedi. Aujourd'hui encore, les prêtres catholiques célèbrent cette croyance de la primitive Eglise, en accomplissant les nombreuses et significatives cérémonies du Samedi saint.

Quand le prêtre catholique, chante ou récite la prière: *Exultet,* du Samedi saint, nous aimons à croire, pour son excuse, qu'il ne comprend pas le latin. L'*Exultet,* en effet, célèbre cette nuit du vendredi au samedi. Elle renferme, en outre, ce passage : « *O nuit bienheureuse, qui, seule, a eu le privilège de connaître le temps, l'heure de la Résurrection.* »

En terminant ce chapitre, nous croyons pouvoir conclure, sans crainte d'être démenti, que :

1° Le fait de la Résurrection n'a pas existé;

2° Que, jamais, fait supposé ne fut plus mal démontré;

3° Que le fait de la Résurrection, tel qu'il est exposé dans les quatre évangiles, est indémontrable.

CHAPITRE III

Les suites de la Crucifixion de Jésus

Nous avons vu, dans les premiers chapitres, que les premiers prédicateurs de la Bonne-Nouvelle ne songèrent même pas à prouver le fait de la Résurrection. Nous avons également vu, dans le second chapitre, que les quatre récits de la résurrection du Christ ne peuvent être pris au sérieux par des esprits impartiaux ; et par conséquent, que les catholiques ne peuvent être tenus, en conscience, d'admettre le dogme de la Résurrection tel que l'Eglise catholique l'enseigne. L'Eglise, malgré tout son prestige et son autorité, ne peut conférer la réalité historique à ce qui ne l'a pas de soi-même, et instituer dans le passé l'existence de faits qui n'ont jamais existé.

Il nous reste maintenant à indiquer, dans ce troisième chapitre, d'abord : ce que purent bien être les suites de la crucifixion de Jésus ; c'est-à-dire : 1° Ce que les Juifs firent du corps de Jésus ; 2° Comment se forma la croyance à l'ensevelissement de Jésus, à sa résurrection et à ses apparitions.

ARTICLE PREMIER

Ce que les Juifs firent du corps de Jésus

Selon les prescriptions formelles du Deuteronome, les corps des suppliciés ne pouvaient rester exposés pendant le sabbat : on devait les enterrer, au plus tard, à la fin du vendredi soir. Lorsque la mort de Jésus eut été constatée, les bourreaux juifs descendirent donc son corps de la croix ; ils descendirent également les corps des deux autres suppliciés. Les trois corps, une fois descendus, furent portés à la fosse commune, réservée aux suppliciés, en Akeldama. (Le champ du sang.)

ARTICLE 2

Formation de la croyance à l'ensevelissement de Jésus

Les apôtres avaient prêché le Christ ressuscité, sans donner aucune explication. Quand ils eurent disparu et que les premiers chrétiens furent réunis en assemblées locales ou églises, groupés autour de leurs présidents, c'est-à-dire des membres les plus âgés et les plus respectables de la communauté, ces chrétiens .commencèrent à vouloir raisonner leur foi, à demander des explications, des preuves même, des croyances qu'ils avaient acceptées de prime abord, sans discussion et de bonne foi. Quelques esprits raisonneurs ou inquiets commencèrent même à émettre des doutes sur la possibilité de la résurrection future des corps et sur le fait même de la résurrection du Christ, prototype et gage de la résurrection future des seuls partisans de Jésus. Pour répondre à ces chrétiens troublés dans leur foi première, les apologistes chrétiens s'ingénièrent à trouver des preuves de la résurrection de Jésus. Et ces preuves, une fois trouvées, furent insérées dans les récits évangéliques en cours de circulation.

La première épître aux Corinthiens nous est un témoignage de la situation d'esprit des premiers chrétiens organisés en société depuis un certain nombre d'années. A leurs demandes d'explications et à leurs objections, Paul, ou plutôt l'interpolateur de Paul, car nous pensons que tout le chapitre quinzième n'est qu'une longue interpolation subséquente à Paul, répond en ces termes: « *Si l'on prêche* « *que Jésus le Christ est ressuscité d'entre les* « *morts: Comment quelques-uns d'entre vous*

« *peuvent-ils dire qu'il n'y a point de résur-*
« *rection des morts? En effet, s'il n'y a pas*
« *de résurrection des morts; le Christ non*
« *plus n'est pas ressuscité. Et si le Christ*
« *n'est pas ressuscité; notre prédication est*
« *vaine et vaine est votre foi. Et nous mêmes*
« *sommes trouvés faux témoins de Dieu: car*
« *nous avons attesté de par Dieu qu'il avait*
« *ressuscité le Christ, lequel cependant n'au-*
« *rait point ressuscité, s'il était vrai que les*
« *morts ne ressuscitent point. Oui, si les morts*
« *ne ressuscitent point, Christ aussi n'est point*
« *ressuscité. Et si le Christ n'est point ressus-*
« *cité, vaine est votre foi... Mais Christ assu-*
« *rément est ressuscité d'entre les morts.* »
« (Première aux Corinthiens, XV, 12 et s.s.)
— « *Selon la doctrine que je vous ai trans-*
« *mise et que moi-même j'ai apprise: Christ*
« *est mort pour nos péchés,* selon les prophé-
« ties. *Il a été enseveli et il est ressuscité le*
« *troisième jour,* selon les prophéties. » (Première aux Corinthiens, XV, 3 et s.s.).

La seule preuve que l'interpolateur de Paul donne est encore celle que tous les apôtres donnaient. Mais, en plus de cette affirmation, il apporte une preuve à laquelle on n'avait pas encore songé: la preuve, par les prophètes, par les Ecritures.

Le Christ était ressuscité, parce qu'il devait

ressusciter : et il devait ressusciter, parce que les prophéties l'avaient annoncé ainsi. Il est donc ressuscité pour accomplir les prophéties.

Avec cette interpolation, nous sommes, en effet, arrivés, vers la fin du premier siècle, à une époque où les compilateurs évangéliques fouillent tout l'Ancien Testament, car, il s'agit de prouver aux Juifs que Jésus était bien le Messie promis. On extrait donc de l'Ancien Testament tout ce que l'on croyait pouvoir s'appliquer au Messie promis, et on l'applique sans hésitation, à Jésus de Nazareth, sans s'occuper, en aucune façon, si ces extraits de l'Ancien Testament avaient bien été écrits en vue du Messie futur, sans s'occuper de la réalité historique de la vie de Jésus ; sans se soucier si les faits véritables de la vie du Christ avaient été conformes aux prophéties concernant le Messie. Jésus de Nazareth était le Messie ; sa vie devait donc nécessairement avoir été l'accomplissement de toutes les prophéties messianiques.

La foi à la Résurrection sur la parole des apôtres va donc se changer en une formule nouvelle qui deviendra définitive, faute d'en trouver une autre plus probante : « *Je crois que le Christ est ressuscité, selon les Ecritures* », en conformité avec les Ecritures, avec les prophéties.

Quelles sont donc ces prophéties. D'abord, celles de l'A. Testament : « *Tu ne permettras pas que ton saint voie la corruption du tombeau.* » (Psaume XV, 10). — « *Son sépulcre sera glorieux.* » (Isaïe, XI, 10).

Comme il fallait un sépulcre pour que Jésus puisse en sortir ressuscité ; les compilateurs évangéliques en trouvèrent un à proximité du Calvaire. Comme Jésus avait été abandonné par tous ses disciples, on ne pouvait songer à eux pour l'ensevelissement : il fallut donc trouver un personnage notoire qui put rendre ce dernier service au prophète de Nazareth.

Le personnage de Joseph d'Arimathée fut donc créé de toutes pièces, pour les besoins de l'ensevelissement et tous les détails accessoires de cet acte. Ce Joseph d'Arimathée, comme beaucoup d'autres personnages évangéliques d'ailleurs, n'apparait qu'en cet endroit précis de l'histoire évangélique ; il n'occupe plus ensuite aucune place dans les souvenirs authentiques de l'Eglise primitive. On ne sait de lui qu'une chose : c'est qu'il fut l'homme de bien qui pourvut à l'ensevelissement de Jésus. La loi juive ainsi que la loi romaine permettait aux parents ainsi qu'aux amis des suppliciés de pourvoir à l'ensevelissement de ces suppliciés. Ce pieux service rendu, Joseph d'Arimathée rentre dans l'ombre d'où il n'était sorti que pour les nécessités de la rédaction conventionnelle des compilateurs évangéliques.

Quant au sépulcre, en quel endroit précis était-il? A qui appartenait-il? Comment se faisait-il que Joseph en disposât? les évangélistes n'en disent rien: ce sont là des indications sans portée pour eux.

Après avoir déposé Jésus dans cette tombe, Joseph l'aurait fermée, en faisant rouler la pierre destinée à en obstruer l'orifice. C'est ainsi que Jésus aurait été enseveli par un étranger dans une tombe d'emprunt. C'est également ainsi que la prophétie de l'Ancien Testament concernant le tombeau glorieux aurait suggéré aux compilateurs évangéliques l'idée de faire déposer Jésus dans un tombeau.

Passons maintenant aux prophéties du Nouveau Testament.

Comme les prophéties de l'Ancien Testament étaient très vagues, et que le sens, d'après le contexte, ne s'appliquait pas nécessairement au Messie, on en intercala de plus claires dans les diverses rédactions des dits et gestes du Seigneur qui circulaient dans les communautés chrétiennes.

On ne se gêna pas pour prêter au Christ des paroles telles que celles-ci: « *De même que* « *Jonas fut trois jours et trois nuits dans le*

« *ventre du poisson; de même le fils de l'hom-* « *me sera dans le sein de la terre trois jours* « *et trois nuits.* » (Mathieu, XII, 40.) — « *Jésus leur dit: Le fils de l'homme doit être* « *livré entre les mains des hommes. Et ils le* « *mettront à mort, et le troisième jour, il res-* « *suscitera.* » (Mathieu, XVII, 21 et 22. Math., XX, 19. Marc, VIII, 30.)

Ce sont là des paroles formelles et très claires. Mais, si le Christ a parlé ainsi; est-il vraisemblable que ses disciples ne l'aient pas compris tout d'abord; qu'ils aient complètement oublié ces paroles si extraordinaires, quand les évènements commencèrent à s'accomplir sous leurs yeux? Est-il vraisemblable, qu'ayant tout oublié, ils ne voulurent point ajouter foi aux paroles des femmes leur annonçant la résurrection du Maître? Est-il possible qu'aucun des apôtres ne se souvint plus des paroles entendues seulement quelques jours auparavant? Ce serait là un cas d'amnésie collective vraiment bien extraordinaire.

Ne se trouve-t-on pas, au contraire, dans la vérité, en affirmant que les apôtres n'entendirent jamais sortir des lèvres de Jésus des paroles concernant son futur ensevelissement et sa future résurrection: ce que le compilateur de Jean affirme nettement. L'évangile selon Jean dit, en effet: « *Alors ce disciple qui était*

« *arrivé le premier au sépulcre entra aussi;* « *et il vit et il crut. Car ils ne savaient pas en-* « *core ce qui est écrit: qu'il fallait que Jésus* « *ressuscitât d'entre les morts.* » (Jean, XX, 8 et 9.)

Or, que l'on admette avec l'Eglise catholique que l'apôtre Jean soit bien l'auteur de tout l'évangile qui porte son nom; ou que l'on admette que l'évangile selon Jean soit sorti, en partie de la plume de Jean et en partie de divers compilateurs subséquents; que l'on admette encore que l'évangile selon Jean est dû lui aussi à divers compilateurs inconnus et surtout à un docteur de l'école de Philon; il y a un fait indéniable prouvé par ce texte, c'est que, tous les apôtres ignoraient avant la mort de Jésus qu'il devait ressusciter d'entre les morts.

C'est également là une preuve irréfutable que l'épisode de Jonas prêté au Christ et que toutes les paroles du Christ concernant soit sa mort, soit sa résurrection, soit celle des autres humains, ne sont que des interpolations aux évangiles primitifs, interpolations nécessitées par les besoins de l'apologétique destinée à convertir les juifs et les païens. Avant la mort du Christ, les apôtres ignoraient la future résurrection. Ils ne se doutaient même pas de tout ce que l'on écrirait après eux sur ce sujet. Ils ignoraient, dit l'interpolateur de Jean, ce qui se trouve maintenant dans les Ecritures. *Ils ne savaient pas encore ce qui est écrit: qu'il fallait que Jésus ressuscitât d'entre les morts.* Jésus, lui aussi, l'ignorait. Bien qu'il eut des pressentiments sur les dangers auxquels il s'exposait en allant à Jérusalem, il ne pouvait se résigner à croire que Dieu put abandonner son Christ au milieu de ses ennemis.

La légende de Jonas fut donc appliquée par les compilateurs évangéliques, au fait de la prétendue déposition de Jésus dans un tombeau. Et ce fut par des compilateurs de la seconde génération. Et de même que Jonas était resté trois jours et trois nuits dans le ventre du poisson, on voulut aussi que le Christ fut resté trois jours et trois nuits dans le sépulcre. Et de même que Jonas, des profondeurs intestinales du poisson, avait crié sa détresse à Dieu et avait été exaucé: de même, dans les anciens légendaires, on trouve une prière du Christ, dans le tombeau, à Dieu son père. Détail curieux à noter en passant: une phrase de l'épisode de Jonas: « *J'ai crié*, dit Jonas dans sa prière, *j'ai crié du ventre de l'enfer* », est même devenue une partie intégrante d'un des articles du Credo catholique: *Je crois que Jésus-Christ est descendu aux enfers.*

Ainsi donc, dans la toute primitive Eglise, au manque d'argumentation par les preuves historiques et matérielles succédèrent des arguments tirés des prophéties. Il ne fut nullement question de constatations faites par l'autorité juive ou romaine, établissant les circonstances vraies de l'inhumation de Jésus. Et si l'on ne fit pas ces constatations, c'est que l'on agit avec le corps de Jésus comme l'on agissait en pareil cas. Les corps des trois suppliciés furent enfouis dans la fosse réservée aux suppliciés. Comme il n'exista point de sépulcre pour le corps de Jésus ; il ne fut nullement question de visites faites par les autorités à un tombeau trouvé vide. Pas de réclamations non plus de Joseph d'Arimathée qui, selon Jean, n'aurait déposé le corps de Jésus dans un sépulcre voisin de la crucifixion, que par manque de temps, à cause de l'approche du sabbat. Enfin, il n'y eut pas d'enquêtes officielles au sujet de la disparition du corps du supplicié, parce que ce corps ne fut point enlevé.

Du reste, comme les disciples n'annoncèrent la résurrection de Jésus que plusieurs mois après la mort de Jésus, il aurait été difficile de contrôler officiellement leurs dires. Et il est fort présumable que pendant les premières années les Juifs s'occupèrent fort peu de ce qu'était devenu le corps de Jésus. Les partisans de Jésus prétendaient que le Maître était ressuscité; les Juifs haussaient les épaules et laissaient dire, selon le conseil de Gamaliel. D'ailleurs, qu'auraient-ils pu dire ou faire contre des fanatiques hallucinés? En appeler au témoignage des bourreaux qui avaient enfoui le corps de Jésus? Les fidèles de Jésus auraient-ils accepté ce témoignage. Produire la dépouille en décomposition de Jésus? Les bourreaux auraient-ils pu la distinguer de celle des deux autres suppliciés et les partisans de Jésus auraient-ils voulu la reconnaître? N'étaient-ils pas certains d'avoir vu le Maître de nouveau en vie? Ne leur avait-il pas parlé? etc.

*
* *

Quant à l'épisode relatif aux gardes du tombeau: cet épisode se présente dans un si mauvais équilibre et renferme tant de données invraisemblables qu'il ne peut inspirer de confiance. D'ailleurs, ce fait capital n'est rapporté que par Mathieu et il est en contradiction complète avec les narrations des autres compositeurs évangéliques.

Dans Mathieu, chapitre 28, versets 2 et suivants, les femmes ainsi que les gardes, assistent à la Résurrection, ou pour parler plus exactement, aux signes extérieurs de la Résurrection; c'est-à-dire, au grand tremblement de terre, à la descente de l'ange et à l'enlèvement de la pierre obstruant l'entrée du tombeau. Dans les autres narrations évangéliques, au contraire, les mêmes femmes trouvent, à leur arrivée au tombeau : les gardes partis ou absents, la pierre enlevée et l'ange ou les anges à l'intérieur du monument.

De plus, ce n'aurait été, d'après Mathieu, que le lendemain de l'ensevelissement ; c'est-à-dire, dans la journée du samedi, que les Juifs auraient placé des gardes au tombeau. Or, à l'heure où, d'après Mathieu, ces gardes auraient été placés, la Résurrection avait déjà eu lieu, d'après tous les évangélistes, y compris Mathieu lui-même. Car, tous les évangélistes indiquent le fait de la Résurrection comme s'étant produit tout au matin du samedi, grand jour du sabbat : « *Tê de mia* (*ôra*) *tou sabbatou* », à la première heure du sabbat ou samedi. La narration de Mathieu, concernant le fait initial de la Résurrection, qui est antérieure à l'épisode interpolé des gardes du tombeau, indique le fait de la Résurrection comme s'étant produit : « *Tard dans le sabbat, au jour levant, à la première heure du sabbat.* » (Mathieu, XXVIII, 1).

Jérôme, dans sa Vulgate, a traduit le texte de Mathieu par : « *Au soir du sabbat qui brille à la première heure du sabbat.* »

Bien que cette traduction manque de clarté, elle n'en témoigne pas moins, comme le texte grec, que la Résurrection aurait eu lieu, le samedi matin, tout au lever du soleil. En effet, conformément à la façon de compter des Juifs : il était tard dans le sabbat ; car c'était à la fin du soir ou plutôt de la nuit du sabbat, puisque les douze heures de nuit du sabbat étaient presque écoulées. C'était aussi à la première heure de jour du sabbat, puisque les femmes seraient allées au tombeau, au soleil levant, le samedi matin, grand jour du sabbat, jour doublement grand, affirme Jean, qui prétend que cette année-là, la pâque juive coïncidait avec la solennité du sabbat.

De ce texte même de Mathieu, ainsi que des textes correspondants des autres évangélistes, et de celui concernant l'épisode des gardes au tombeau. Il résulte que ce sont là des interpolations apologétiques insérées longtemps après l'interpolation concernant la similitude entre Jonas dans le ventre du poisson et le Christ dans le tombeau. Et ce qui nous le prouve encore d'une façon, dirons-nous, décisive, c'est la pratique rituelle de l'Eglise qui ne s'occupant pas des discussions apologétiques de ses docteurs a conservé les pratiques basées sur ses usages primitifs. L'Eglise a toujours fait mémoire du fait de la résurrection comme ayant eu lieu dans la nuit du vendredi au samedi. Et encore aujourd'hui, elle a conservé ses pratiques liturgiques primitives ayant pris naissance avant les deux interpolations dont nous venons de parler. Tout l'office du samedi saint au matin est consacré à la résurrection du Christ. Et comme, selon les données primitives, la Résurrection s'était opérée dans la nuit du vendredi au samedi, à une heure imprécise de la nuit et sans témoins oculaires, l'Eglise a inséré dans l'Exultet du Samedi saint au matin, ces paroles : « *O nuit vraiment heureuse, qui seule a eu le privilège de connaître le temps et l'heure de la Résurrection du Christ.* » Quant à l'office du jour de Pâques, tout ce qui concerne la Résurrection est, ou bien de date assez récente, ou bien n'est que l'office de jour du samedi saint qui a été reculé au dimanche. Dans la primitive Eglise, l'office actuel du samedi saint était célébré un peu avant l'aurore, le samedi ; et l'office actuel du jour de Pâques était célébré, sauf quelques additions et mutations, dans la matinée du samedi.

***

Les Juifs disaient que la Résurrection n'était pas un trait messianique annoncé par les prophètes : les premiers apologistes chrétiens leur répondirent en leur parlant d'un tombeau de David prototype du Messie ; en leur montrant Jonas dans le ventre du poisson, figure symbolique du Christ dans le tombeau ; et en prêtant au Christ des paroles prophétiques sur sa mort et sur sa résurrection future.

Plus tard, après quelques générations, quand le souvenir de l'ensevelissement de Jésus à Akeldama se fut perdu chez les Juifs de la dispersion, après la destruction de Jérusalem, et que la donnée légendaire du tombeau se fut introduite, même chez les Juifs adversaires de la religion de Jésus ; ceux-ci prétendirent que le tombeau trouvé vide ne prouvait pas que Jésus fut ressuscité, car ses disciples avaient fort bien pu enlever son corps pendant la nuit. Les apologistes chrétiens répondirent à cette objection en affirmant que le sépulcre avait été surveillé et que, par conséquent, l'enlèvement du corps par des disciples était impossible. Ils dirent de plus que si les soldats gardiens du tombeau n'avaient pas été achetés par les prêtres, ils auraient rendu témoignage à la Résurrection. Les prêtres les avaient payés pour se taire, et avaient eux-mêmes répandu cette fable absurde, que le corps avait été enlevé pendant le sommeil des gardes.

L'accusation d'avoir enlevé le corps de Jésus fut donc formulée assez tardivement contre les disciples; car il n'en est question ni dans les anciens documents évangéliques, ni dans les épîtres de Paul, ni dans les Actes des apôtres.

Les conditions dans lesquelles s'affirma d'abord la foi à la résurrection de Jésus ne permettaient pas à cette accusation de se produire. On se contenta pendant longtemps de nier sans preuves ce que les apôtres affirmaient sans preuves. Comme ceux-ci avaient quitté précipitamment Jérusalem, sans savoir ce qui était advenu du corps de Jésus crucifié et sans même s'en être préoccupés pendant les jours qui suivirent sa mort; on ne put songer tout d'abord à les accuser d'avoir enlevé ce corps, d'autant plus qu'ils n'alléguaient en preuve de la Résurrection que leurs affirmations basées sur de prétendues apparitions. Comme aussi, d'un autre côté, les Juifs ne s'étaient pas occupés d'une façon spéciale du corps de Jésus jeté dans la fosse commune, avec les deux autres suppliciés, il leur était impossible, après au moins une cinquantaine d'années, de produire les ossements de Jésus, confondus avec ceux des autres suppliciés. Si l'on savait que Jésus avait été enfoui à Akeldama, peut-être même, à cette époque-là, ignorait-on l'emplacement exact de la fosse commune existant à l'époque de la crucifixion de Jésus.

L'accusation d'enlèvement ne fut donc formulée par les Juifs, qu'après que la preuve du tombeau trouvé vide eut été mise en circulation par les apologistes chrétiens. La réponse de l'interpolateur de Mathieu est en rapport avec l'accusation ; elle n'a pas plus de réalité.

Cette histoire des gardes au tombeau parait donc conçue tout entière en vue de la situation où l'apologétique chrétienne se trouvait à l'égard des Juifs après la mort des apôtres et de la génération qui avait été contemporaine du supplice de Jésus. Tant que les apôtres se contentèrent d'appuyer leurs prédications sur des apparitions auxquelles leurs adversaires ne croyaient point ; personne n'accusa les disciples d'avoir pris le corps de leur Maître pour prouver qu'il était ressuscité. Ce fut seulement plus tard, pour faire obstacle à la prédication des successeurs des apôtres qui prouvaient la Résurrection par le témoignage d'autrui et qui faisaient valoir le récit du tombeau trouvé vide, que les Juifs imaginèrent la fable de l'enlèvement. Si cette fable ne fut pas inventée à Jérusalem même, on la présenta néanmoins comme un fait connu dans cette ville. Le compilateur de Mathieu la rencontra dans le milieu juif où il vivait et il y opposa la réponse qu'on lit maintenant dans l'évangile selon Mathieu.

En définitive, cette fable de l'enlèvement du corps de Jésus par les disciples fut propagée par des individus ignorant les circonstances réelles de l'ensevelissement de Jésus ; ceux qui répondirent à cette fable de l'enlèvement par l'autre fable des gardes au tombeau étaient aussi ignorants qu'eux sur ce sujet. Des besoins d'apologétique furent seuls les générateurs de ces deux fables.

Article 3

Formation de la croyance à la Résurrection de Jésus

Dans les narrations des quatre compilateurs évangéliques, Jésus est censé avoir quitté la tombe avant qu'aucun œil humain ait pu vérifier ce fait : et le commencement de la journée du samedi marque le point de départ de son immortalité.

Nous ne reviendrons pas sur l'exposition des faits concernant la Résurrection de Jésus. Il nous semble que nous les avons suffisamment exposés dans le chapitre second de ce petit volume. Il nous semble que la simple lecture de ces faits incohérents et contradictoires suffit pour établir que l'on ne se trouve point en présence de faits ayant eu une réalité objective, en présence d'actions vécues. Il est de toute évidence que les compilateurs évangéliques ne furent ni les témoins oculaires ni les témoins auriculaires des faits qu'ils ont rapportés. Il est de toute évidence que l'on se trouve en présence d'un système préconçu d'exposition du fait de la Résurrection.

Une telle liberté, un tel sans-gêne même, dans la rédaction des détails essentiels de ce fait montrent suffisamment que les compilateurs évangéliques ne s'occupèrent nullement de donner même un semblant d'exactitude à leurs récits, et qu'ils ne se préoccupèrent que de l'idée et des conséquences de l'idée qu'ils voulaient inculquer.

Quant aux premiers lecteurs des récits évangéliques, n'ayant point notre mentalité et nos préoccupations, ils ne se montrèrent nullement effarouchés de l'exposition de faits aussi invraisemblables et aussi divergents entre eux. D'autant plus, qu'élevés soigneusement dans le respect des Ecritures sacrées, ils acceptaient de confiance ce qu'on proposait à leur naïve piété. N'en est-il pas encore de même aujourd'hui ? Nombre de chrétiens ne regardent-ils pas comme sacrilège la pensée de supposer que le Nouveau Testament n'est qu'un assemblage de récits, rédigés par des individus qui n'ont pas hésité à fabriquer ce que l'on appellerait maintenant des faux littéraires.

Comment donc expliquer les quatre récits de la Résurrection qui se trouvent dans les quatre évangiles canoniques ? — D'une façon très simple, très naturelle et conforme à la réalité des faits. Il ne s'agit que de se rendre compte de la façon dont furent composés ces écrits.

Les évangiles primitifs consistaient d'abord dans la simple annonce de la Bonne Nouvelle du Royaume messianique. Jésus et son Royaume. Jésus crucifié par les Juifs et ressuscité par la puissance de Dieu. Jésus qui commendait de faire pénitence et de se préparer par une vie meilleure à la venue du Royaume qui n'allait pas tarder à venir.

A ce thème ordinaire de prédication s'adjoignit ce que les apôtres contemporains de Jésus racontaient des paroles et gestes du Seigneur.

Quant à ce qui concerne la Résurrection, jamais les premiers apôtres ne donnèrent d'explications sur ce sujet ; pas plus les Douze grands apôtres que Paul et les autres apôtres de la première heure. N'étaient-ils pas certains d'avoir vu le Christ ressuscité ? Leur parole n'était-elle point suffisante ? Qu'auraient-ils dit d'ailleurs? Comment auraient-ils raconté un fait dont ils n'avaient pas été les témoins?

Les successeurs des premiers apôtres n'eurent point les mêmes scrupules. Comme les rédactions évangéliques n'étaient point des livres d'histoire, mais des livres d'édification; et que les chrétiens de la seconde génération étaient avides de connaître toute la vie du Maître; il y eut une efflorescence d'écrits pieux. Des auteurs anonymes se plaçant sous l'égide des grands apôtres colligèrent tous les monuments épars de la tradition apostolique, tout ce qui était écrit et tout ce qu'on racontait dans leur milieu sur la vie publique de Jésus et sur son enseignement; puis, ils mirent leurs rédactions en circulation dans les communautés chrétiennes auxquelles ils appartenaient.

Le premier en date de ces écrits fut celui que l'on plaça sous le patronage de Marc: la Bonne Nouvelle selon Marc, selon ce que Marc avait enseigné, après avoir écouté l'enseignement de Pierre. Puis vint la Bonne Nouvelle selon Mathieu: évangile qui se scinda ensuite en deux: la Bonne Nouvelle selon l'enseignement de Mathieu et la Bonne Nouvelle selon les Hébreux, à l'usage des judaïsants chrétiens sortis de l'Eglise même de Jérusalem. Puis vint la Bonne Nouvelle selon Luc, collégue de Paul, évangile à l'usage des pagano chrétiens des églises fondées par Paul. Enfin, en dernier lieu, la Bonne Nouvelle selon Jean, à l'usage des alexandro-chrétiens d'Asie.

En même temps et peu après ces quatre grandes rédactions, parurent ça et là, dans les chrétientés, des écrits tels que l'évangile de Pierre, de Thomas etc., etc. Quoiqu'ils n'aient pas été officiellement reconnus par l'Eglise, ces petits livres n'en sont pas moins très intéressants; car ils nous mettent au courant des croyances de certains groupes de fidèles des deux premiers siècles. D'ailleurs, l'Eglise catholique a su tirer parti de ces livres, bien que ne les admettant pas comme canoniques. La généralité des croyances pieuses ayant cours dans l'Eglise catholique n'ont pour base que les affirmations des évangiles apocryphes.

Toutefois, qu'on ne l'ignore pas; et nous tenons à insister sur ce fait: tous les récits des évangiles reçus et reconnus par l'Eglise ne contenaient point, primitivement, de détails sur la Résurrection du Christ et les faits subséquents. Ils ne contenaient pas non plus de données sur la naissance et l'enfance de Jésus. Ils se bornaient à relater les dits et gestes du Seigneur pendant sa vie publique. Les récits concernant la Résurrection du

Christ et ses apparitions ne virent le jour qu'après l'apparition des rédactions concernant la vie publique de Jésus; et ils ne durent leur origine qu'à des besoins apologétiques. Dans le principe, ils ne firent point partie des évangiles. C'étaient des écrits à part, bien distincts des Logia du Seigneur. Les écrits concernant la Résurrection faisaient suite aux Logia, et en étaient les compléments; les écrits concernant la naissance et l'enfance de Jésus accompagnaient également les Logia, mais ni les uns ni les autres n'en faisaient partie. Toutefois, dans chaque communauté où ils parurent, ils jouirent de la faveur accordée à l'évangile dont ils étaient la préface ou le complément. En un mot, tous les récits de la naissance, de l'enfance et de la résurrection de Jésus ne virent le jour qu'assez tard, après l'apparition des Logia et ils ne durent leur existence que pour satisfaire à certains besoins apologétiques et à certaines exigences des communautés chrétiennes organisées depuis un certain temps.

Nous avons à l'appui de cette thèse le témoignage formel d'Eusèbe que nous allons donner. Nous ferons remarquer que dans la citation que nous allons faire, Eusèbe semble se contredire. Après avoir dit nettement que les grands apôtres n'écrivirent pas, il paraît dire cependant que s'ils ne composèrent pas les évangiles que nous possédons, ils laissèrent cependant des mémoires. Ce semblant de contradiction provient de tous les remaniements que l'histoire d'Eusèbe, comme nombre d'écrits des Pères apostoliques, et comme les évangiles, hélas! a du forcément subir au cours des cinq premiers siècles, par suite de l'évolution des dogmes chrétiens: « *Les hom-* « *mes inspirés et vraiment dignes de Dieu,* « *je dis les apôtres du Christ, purifiaient leur* « *vie avec un soin extrême, ornant leur âme* « *de toute vertu. Mais ils connaissaient peu* « *la langue; la puissance divine qu'ils tenaient* « *du Sauveur et qui opérait des merveilles* « *était leur assurance. Exposer les enseigne-* « *ments du Maître avec l'habileté insinuante* « *et l'art des discours leur était inconnu et ils* « *ne l'entreprenaient pas. Ils se contentaient* « *de la manifestation de l'Esprit saint qui les* « *assistait et de la seule puissance du Christ* « *qui agissait avec eux et faisait des miracles.* « *Ils annonçaient à l'univers entier la con-* « *naissance du royaume des cieux* sans le « moindre souci d'écrire leurs discours. *Ils fai-* « *saient cela pour accomplir un ministère su-* « *blime et au-dessus de l'homme. Paul, le plus* « *puissant d'ailleurs dans l'art de tout dis-* « *cours et le plus habile dans les pensées, ne*

« *confia rien autre à l'écriture que de fort*
« *courtes lettres. Il avait pourtant à dire des*
« *choses très nombreuses et mystérieuses,*
« *puisqu'il avait touché aux merveilles qui*
« *sont au troisième ciel et, ravi au paradis*
« *même de Dieu, il avait été jugé digne d'en-*
« *tendre là des paroles ineffables. Ils n'é-*
« *taient pas aussi sans éprouver les mêmes*
« *choses, les disciples de notre Sauveur, les*
« *douze apôtres, les soixante-dix disciples et*
« *bien d'autres avec ceux-ci. Cependant d'eux*
« *tous, Mathieu et Jean seuls, nous ont laissé*
« des mémoires des entretiens du Seigneur;
« *encore, ils ne vinrent à les composer que*
« *poussés, dit-on, par la nécessité.*
« *Mathieu prêcha d'abord aux Hébreux.*
« *Comme il dut ensuite aller en d'autres pays,*
« *il leur donna son évangile dans sa langue*
« *maternelle; il suppléait à sa présence, au-*
« *près de ceux qu'il quittait, par un écrit.*
« *Tandis que déjà Marc et Luc avaient fait*
« *paraître leurs écrits évangéliques, Jean, dit-*
« *on, n'avait constamment prêché que de vive*
« *voix. Enfin, il en vint à écrire: voici pour*
« *quel motif. On raconte que l'apôtre reçut*
« *les trois évangiles composés précédemment;*
« *tous les avaient déjà et il les accepta, leur*
« *rendant le témoignage qu'ils contenaient la*
« *vérité.* Seulement, il manquait à leur récit

« l'exposé de ce qu'avait fait le Christ tout « d'abord au commencement de sa prédica- « tion. Et ce que je dis est vrai. *On peut voir,* « *en effet, que ces trois évangélistes ont ra-* « *conté seulement les faits postérieurs à l'em-* « *prisonnement de Jean le Baptiste et accom-* « *plis par le Sauveur dans l'espace d'une an-* « *née.* Ils le disent du reste au début de leur « narration. *Le jeûne de quarante jours et la* « *tentation qui eut lieu à ce propos marquent* « *le temps indiqué par Mathieu. Il dit: Ayant* « *appris que Jean avait été livré, il quitta la* « *Judée et revint en Galilée.* » *Marc débute* « *de même:* « *Après que Jean eut été livré, Jé-* « *sus vint en Galilée.* » *Quant à Luc, avant* « *de commencer le récit des actions de Jésus,* « *il fait à peu près la même remarque en di-* « *sant qu'Hérode ajouta aux méfaits qu'il avait* « *commis celui de mettre Jean en prison. L'a-* « *pôtre Jean, fut, dit-on, prié, pour ce motif,* « *de donner dans son évangile la période pas-* « *sée sous silence par les précédents évangé-* « *listes et les faits accomplis par le Sauveur* « *en ce temps, c'est-à-dire ce qui s'était produit* « *avant l'incarcération du Baptiste. Il indi-* « *qua cela même, soit quand il dit :* « *Tel* « *fut le début des miracles que fit Jésus* »; « *soit quand il fait mention de Jean, au mi-* « *lieu de l'histoire de Jésus, comme bapti-*

« *sant à Enon, près de Salem. Il le montre*
« *clairement aussi par ces paroles : « Car*
« *Jean n'était pas encore jeté en prison.* »
« *Ainsi donc l'apôtre Jean dans son évangile*
« *rapporte ce que fit le Christ quand le Bap-*
« *tiste n'était pas encore incarcéré: les trois*
« *autres évangélistes, au contraire, racontent*
« *ce qui suivit son emprisonnement. Quicon-*
« *que remarque ces choses, ne peut plus pen-*
« *ser que les évangélistes soient en désaccord*
« *les uns avec les autres. Car l'évangile de*
« *Jean nous donne* l'histoire des premières
« œuvres du Christ; *les autres évangélistes*
« *nous donnent* le récit de ce qu'il a fait à la
« fin de sa vie publique. (Eusèbe, Hist. ec-
« clés., XXIV.) »

Ces explications données et cette longue mais nécessaire citation faite, nous revenons à la question que nous posions plus haut. Comment expliquer les quatre récits de la Résurrection qui se trouvent dans les quatre évangiles canoniques? — D'une façon très simple, répondons-nous encore une fois.

Les apôtres, y compris Paul, s'étant contentés de prêcher le Christ ressuscité et d'affirmer qu'ils l'avaient vu après sa résurrection, sans indiquer le comment de la Résurrection et des divers faits qui suivirent la résurrection; l'imagination seule des quatre compilateurs évangéliques produisit les récits de la Résurrection tels que nous les possédons. S'il n'y avait qu'un seul évangile, le récit de la Résurrection serait, à la rigueur, encore tant soit peu présentable ; mais il y a quatre évangiles. Et chaque évangile présente une version dont les détails invraisemblables et les incompatibilités sont tellement manifestes, qu'il est impossible, pour tout esprit non prévenu et non intéressé, d'admettre que l'on se trouve en présence de faits véridiques. Les compilateurs évangéliques composèrent leurs récits, chacun de leur côté, sans se soucier en aucune façon, soit de la vérité, soit de ce que les autres rédacteurs écrivaient ou avaient écrit. Ecrivant séparément des faits non historiques, non véridiques ; ils ne pouvaient être qu'en désaccord dans l'ensemble des détails ; et c'est ce qui arriva. Après avoir étudié l'ensemble des faits de la résurrection, on reste convaincu que les compilateurs évangéliques sont partis de trois données communes. 1° Jésus mis dans un tombeau près du calvaire par Joseph d'Arimathée. 2° Des femmes de la suite de Jésus allant le lendemain matin, samedi, au tombeau trouvé vide. 3° Une apparition de Jésus à Madeleine et aux autres femmes d'abord, ensuite à deux disciples, près de Jérusalem ; 4° une autre apparition en Galilée.

Se basant sur ces quatre données légendaires, les quatre compilateurs évangéliques donnèrent à leurs contemporains un récit très circonstancié de la Résurrection.

Nous verrons plus loin, dans l'article cinquième, le détail des autres interpolations qui vinrent se greffer sur le récit des premiers compilateurs évangéliques et plus que doubler le nombre des apparitions de Jésus.

Quand on groupa en un seul recueil, d'abord, toutes les parties d'un même évangile; c'est-à-dire les récits concernant l'enfance de Jésus, les récits des miracles attribués à Jésus, ses paraboles et celles qu'on lui prêta, la grande charte des chrétiens ou sermon sur la montagne, les logia du Seigneur ou discours de Jésus, les récits de sa passion et de sa résurrection; et quand, chaque évangile étant ainsi constitué dans ses grandes lignes, on forma ensuite un seul recueil des quatre évangiles, on s'aperçut bien des défauts d'ensemble. On s'aperçut bien également des variantes profondes entre chaque évangile; mais les groupements chrétiens ne s'en troublèrent pas pour cela. Chaque groupement continua à suivre son évangile particulier, tout en acceptant plus ou moins les trois autres.

Au lieu de fondre toutes les données évangéliques en un tout harmonieux, les premiers chrétiens préférèrent conserver toutes ces légendes hurlant d'être accouplées ensemble.

D'ailleurs, les premiers écrivains chrétiens étaient plus compilateurs qu'ordonnateurs, et si la piété des fidèles supportait des additions au texte primitif, elle ne supportait point des amputations au texte dont elle était en possession.

On fut donc réduit au cours du second et du troisième siècle à ajouter des gloses interpolatrices afin de faire concorder, autant que possible, le vieux fonds commun. Interpolations bien visibles et pas toujours heureuses qui ont fait et feront toujours le désespoir des partisans de l'intégrité des livres saints et de leur inspiration. Deux choses qui n'existent pas.

ARTICLE 4

Formation de la croyance aux apparitions de Jésus

Le début de la croyance aux apparitions de Jésus est double : c'est-à-dire, qu'il y eut un double point de départ provenant de quatre faits qui se seraient passés, deux en Galilée, les deux autres à Jérusalem.

Après la mort du Christ, il y eut dans la vie des premiers disciples de Jésus, quatre évènements qui donnèrent naissance à la croyance aux apparitions de Jésus ressuscité : ce fut, d'abord, la rencontre d'un inconnu pris pour Jésus par l'hystérique Marie-Madeleine et les autres femmes ; ce fut aussi la rencontre d'un inconnu pris pour Jésus par les deux disciples simplets d'Emmaüs ; ce fut enfin, également la rencontre d'un inconnu par les onze apôtres, en Galilée, inconnu qu'une partie des onze reconnut pour Jésus, alors que le reste des apôtres se tint dans l'indécision, ne sachant à quoi s'en tenir sur l'identité de l'inconnu.

Bien que la croyance aux apparitions de Jésus soit antérieure à la croyance au tombeau trouvé vide, et que logiquement nous aurions dû traiter ce sujet là tout d'abord ; nous le traiterons seulement ici, tant pour la facilité de notre travail que pour suivre l'ordre chronologique des récits évangéliques.

En lisant le récit de ces quatre rencontres d'inconnus, on éprouve la conviction que, cette fois, les compilateurs évangéliques se sont basés sur des faits véritables, sur des rencontres véritablement arrivées. On ne rencontre plus d'invraisemblances et d'incohérences comme dans les récits de la Résurrection. Les évènements se déroulent naturellement et portent en eux-mêmes un cachet de véracité ; bien que cependant on se rend compte que ces récits ont été systématiquement enjolivés.

1° *La rencontre que Marie-Madeleine fait dans le jardin, près du tombeau vide.*

Nous pouvons considérer comme des illusions l'apparition aux deux disciples d'Emmaüs prenant un disciple de Jésus pour Jésus lui-même; et l'apparition à un certain nombre d'apôtres prenant un inconnu quelconque pour le Christ ressuscité. Ces illusions ont pu naître même chez des gens bien portants. Que deux disciples ne connaissant point personnellement Jésus, et sous l'impression des racontars de Madeleine prennent pour Jésus un étranger qui leur parle dissertement sur les Ecritures et qui imite le geste de bénédiction du pain usité par Jésus; il n'y a là rien de bien extraordinaire de la part de certaines natures impressionnables. Que le groupe des onze apôtres apercevant de loin sur les flancs d'une montagne, sur un escarpement de rocher, le profil d'un individu ressemblant tant soit peu à leur Maître défunt; et qu'une certaine partie de ces apôtres croient avoir entrevu le Maître, cette illusion est très plausible de la part de ces natures désorientées, bouleversées par tous les évènements terribles qui s'étaient produits peu auparavant et suggestionnées par les racontars des femmes venues de Jérusalem. Mais pour l'apparition du Christ à Madeleine, on ne peut s'empêcher de reconnaître que ce fut là véritablement une illusion de nature délirante. S'entretenir avec un individu quelconque, le prendre pour un jardinier, lui poser des questions avec la persuasion qu'il est un jardinier et finir par le prendre pour Jésus, parce que ce jardinier au lieu de répondre à la question s'est contenté d'appeler doucement Marie par son nom ; c'est là certainement un cas de délire caractérisé, s'il en fut jamais. L'apparition merveilleuse de Jésus n'eut lieu que grâce à l'imagination de Marie qui fut sans aucun doute une névrosée de marque. Seul, Jean a raconté tout au long cette apparition en la plaçant près du tombeau.

Mathieu et Luc n'ont pas connu cette apparition.

Marc qui est primitif ne fait que l'indiquer, sans préciser le lieu de la rencontre. De plus, Marc ajoute : « *Cette Marie-Madeleine était celle de qui sept démons étaient sortis.* »

Pour nous qui assimilons la possession à l'hystérie, ce texte est des plus suggestifs. Sans doute d'ailleurs la considérait-on déjà comme une exaltée puisque Marc ajoute. Mais on ne le crut pas.

2° *La rencontre d'un inconnu faite par les femmes galiléennes, en revenant du tombeau trouvé vide.*

Selon Mathieu (XXVIII, 9), les femmes galiléennes, en revenant du tombeau, font la rencontre d'un individu qui les salue et qu'elles prennent pour Jésus. — Que fut cette rencontre? Comment ce salut fit-il reconnaître Jésus? C'est ce que le compilateur ne dit pas.

Bien que nous admettions que Madeleine et l'autre femme purent avoir la rencontre d'un individu inconnu pris pour Jésus; toutefois, cette rencontre, insérée par les compilateurs de Mathieu, de Marc et de Jean, est en opposition formelle avec ce que le compilateur de Luc affirme. Luc, en effet, fait dire aux deux disciples d'Emmaüs: « *Cependant quelques « femmes des nôtres nous ont grandement « étonnés, lorsqu'elles se sont rendues de « grand matin au tombeau, sans y apercevoir « son corps, et sont accourues en disant qu'el- « les avaient eu* une vision d'anges *leur ap- « prendnt que Jésus était vivant.* » (Luc. XXIV, 22.)

3° *La rencontre d'un inconnu faite par deux disciples, sur le chemin de Jérusalem à Emmaüs.*

Selon Luc, le premier jour de la semaine, c'est-à-dire le samedi, puisque à cette époque, le samedi ou sabbat était pour les Juifs le premier jour de la semaine, les femmes étant allées, de grand matin, au tombeau :

« *Deux des disciples de Jésus cheminaient*

« *ce jour-là même, se rendant à une bourgade*
« *nommée Emmaüs, laquelle était distante*
« *d'environ soixante stades de Jérusalem; ils*
« *devisaient de tout ce qui s'était passé. Donc,*
« *comme ils causaient et en conféraient entre*
« *eux, il advint que Jésus lui-même, s'étant*
« *approché, se mit à marcher en leur compa-*
« *gnie; mais leurs yeux étaient tellement em-*
« *pêchés qu'ils ne purent le reconnaître.*
« *Quels sont, leur dit-il, ces propos qu'en che-*
« *min vous échangez ainsi tout tristes?* » *L'un*
« *des deux appelé Cléopas, lui répondit en ces*
« *termes:* « *Tu es bien le seul étranger à Jé-*
« *rusalem qui ne sache point les faits advenus*
« *ces jours-ci!* » *— Quels faits? demanda Jésus.*
« *— Ce qui concerne, reprirent-ils, Jésus de*
« *Nazareth qui a été un prophète puissant en*
« *œuvres et en paroles devant Dieu et devant*
« *tout le peuple; comment les chefs des prê-*
« *tres et nos magistrats l'ont livré en juge-*
« *ment et l'ont crucifié. Or, nous espérions*
« *qu'il était celui qui devait délivrer Israël.* »

Ici se trouve une interpolation subséquente que nous allons mettre entre parenthèse.

« *(Mais, avec tout cela, c'est le troisième*
« *jour que ces évènements se sont accomplis.*
« *Cependant, quelques femmes des nôtres*
« *nous ont grandement étonnés, lesquelles se*
« *sont rendues de grand matin au tombeau,*

« *sans y apercevoir son corps, et sont accou-*
« *rues en disant qu'elles avaient eu une vision*
« *d'anges leur apprenant que Jésus était vi-*
« *vant. Alors, quelques-uns des nôtres par-*
« *tant vers le sépulcre, ont trouvé les choses*
« *comme les femmes l'avaient déclaré et n'ont*
« *pas vu Jésus lui-même.)* »

« *Et l'étranger dit aux deux:* « *O inintel-*
« *ligents et d'un cœur difficile à croire tout ce*
« *qu'ont raconté les prophètes! Ne fallait-il*
« *pas que le Christ souffrit cela pour entrer*
« *ensuite dans sa gloire?* » *Puis, commençant*
« *par Moïse et par les prophètes, il leur dé-*
« *veloppa tout ce qui, dans les Ecritures, le*
« *concernait. Et quand ils approchèrent de la*
« *bourgade où ils allaient, lui, fit semblant*
« *de poursuivre sa route; mais ils le pressè-*
« *rent en ces termes:* « *Reste avec nous, car*
« *le soir commence à venir et le jour décline*
« *déjà.* » *Et il entra donc pour rester en leur*
« *compagnie.*

« *Comme ils étaient à table, il prit le pain,*
« *rendit grâces, puis l'ayant rompu, le leur*
« *distribua. Alors leurs yeux s'ouvrirent de*
« *sorte qu'ils le reconnurent, mais il disparut*
« *de leur présence. Ils se dirent l'un à l'autre:*
« *Notre cœur ne brûlait-il pas au dedans de*
« *nous quand il nous parlait par le chemin et*
« *nous expliquait les Ecritures?* » *Se levant*

« *au même instant ils regagnèrent Jerusa-*
« *lem.* » (Luc, XXIV, 13 et s.).

Les deux disciples qui allaient à Emmaüs le lendemain du supplice infligé à Jésus n'étaient point des apôtres.

Les deux voyageurs s'entretenaient ensemble du sujet qui remplissait leur pensée, discutant les conséquences des évènements qui venaient de s'accomplir et la lueur d'espérance que pouvaient encore entretenir les fidèles de Jésus. Pendant qu'ils discouraient ainsi, un inconnu les rejoint et se mêle à leur conversation, leur demandant quel est le sujet qui paraît les intéresser si vivement. Les disciples demeurent un moment tout tristes, comme suivant le cours de leurs idées. Puis, l'un d'eux, Cléopas prend la parole. L'inconnu lui semble être un juif venu du dehors pour la pâque, et non un habitant de Jérusalem. Le disciple s'étonne ; son interlocuteur doit être le seul étranger qui, ayant passé les jours de fête à Jérusalem, ignore le grand évènement du vendredi ; car, s'il le connaissait, il supposerait bien que tout le monde parle de cette affaire. L'inconnu s'informe et les deux disciples commencent à raconter tout ce qu'ils ont sur le cœur. De qui, pouvaient-ils parler sinon du prophète Jésus de Nazareth qui venait d'être mis à mort, et ainsi avait trompé les espérances que beaucoup fondaient sur lui; car, on croyait qu'il délivrerait Israël. Les disciples ont peur que tout soit fini et qu'on doive abandonner toute espérance.

Quand les deux disciples ont fini de parler, leur interlocuteur se met à les instruire: c'étaient, en vérité, des esprits bien peu ouverts à l'intelligence des prophéties; ils n'ont point compris que le Christ devait souffrir pour entrer dans sa gloire.

On arrivait à Emmaüs, et comme l'inconnu faisait semblant de vouloir continuer sa route, les disciples lui offrent de souper avec eux. L'inconnu accepte: on sert le repas. Le repas fini, l'inconnu quitte les disciples et reprend sa route. Après son départ, les disciples parlent entre eux de celui qui les a quittés et se communiquent leurs pensées. Un fait les a frappés: la manière dont l'inconnu avait rompu le pain, reproduisant le geste habituel et bien connu de Jésus. Peut-être même l'inconnu avait-il prononcé la formule de bénédiction sur le pain usitée par Jésus. Le même soupçon traverse leur esprit. Ne serait-ce pas Jésus qu'ils ont vu? Les deux disciples s'avouent mutuellement qu'ils auraient dû reconnaître plus tôt celui qui leur parlait dans le chemin, rien qu'à l'émotion profonde qui s'était emparée de leurs cœurs, pendant qu'il leur expliquait les Ecritures. Sans plus tarder, ils retournent à Jérusalem où ils racontent aux apôtres leur aventure.

Tel est dépouillé de ses interpolations postérieures et de ses enjolivements le troisième fait qui donna naissance à la croyance aux apparitions de Jésus. La rencontre d'un disciple inconnu, supérieur en intelligence et en foi aux deux disciples d'Emmaüs, et qui joua, bien inconsciemment, le rôle de Jésus ressuscité, pour les deux esprits obtus et crédules des disciples d'Emmaüs. Ce fait joint aux bavardages des femmes compagnes de Marie-Madeleine n'était-il pas suffisant pour des esprits qui ne demandaient pas mieux que de se laisser convaincre ?

4° *La vision d'un inconnu que les apôtres eurent sur une des montagnes de la Galilée.*

Texte de Mathieu : « *Et les onze apôtres « allèrent en Galilée, sur la montagne désignée « par Jésus. Et le voyant, ils se prosternèrent ; « mais quelques-uns doutèrent.* » (Mathieu, XXVII, 16 et s.).

Aussitôt après l'arrestation et la condamnation de Jésus, tous les apôtres s'étaient enfuis en Galilée, loin de la dangereuse capitale qui avait été si funeste au Maître. Là, à l'abri du danger, ils ne cessaient de songer aux évènements qui s'étaient déroulés sous leurs yeux, à ce Jésus en qui ils avaient reconnu et salué le béni de Jahveh. Et voilà que Jésus était mort, de la mort réservée aux criminels de droit commun et aux agitateurs publics. Avec sa disparition de la scène du monde s'était envolé le royaume messianique.

Pendant qu'ils songeaient à toutes ces choses; une nouvelle, apportée par les femmes de la suite de Jésus restées à Jérusalem, leur parvint dans leur solitude. Jésus était revenu à la vie : il avait été ressuscité par la puissance de Dieu. Madeleine et une autre femme avaient vu le ressuscité. Des disciples de Jérusalem l'avaient vu aussi, lui avaient parlé, l'avaient reconnu et Jésus avait parlé avec eux. Tout n'était donc pas fini, puisque le Maître était encore vivant. Le Royaume n'était donc point perdu. Nous avons vu le Ressuscité, disaient les disciples de Jérusalem : il est venu à notre rencontre, nous a parlé, nous ne l'avons pas tout d'abord reconnu; mais après qu'il fut parti, il nous tomba comme des écailles des yeux, et nous avons vu que ce ne pouvait être que Jésus. En se propageant par la bouche des femmes, le récit se circonstanciait tout naturellement, s'amplifiait, s'embellissait. Non seulement le Ressuscité avait appelé Madeleine par son petit nom, mais il l'avait encore chargée de commission pour ses frères. Non seulement, le Ressuscité avait mangé avec les disciples d'Emmaüs; mais encore on spécifiait ce qu'il avait mangé. De plus, il leur avait montré ses mains et ses pieds et les avait invités à poser le doigt dans ses plaies.

En conséquence de cette illusion de Madeleine, de l'autre Marie et des deux disciples d'Emmaüs, les Onzes apôtres suggestionés ne tardèrent pas, eux aussi, à avoir des apparitions, et à voir Jésus dans tous les inconnus qui leur rappelaient tant soit peu les traits et la démarche de Jésus. Le fait rapporté par Mathieu en est une preuve. Laissant de côté la donnée de la montagne très hypothétique sur laquelle les Onze auraient vu Jésus, il est clair pour qui sait lire les textes évangéliques que les Onze eurent, eux aussi, la rencontre d'un inconnu qui leur rappela les traits et l'ensemble de Jésus. Cet inconnu qu'ils rencontrèrent, qui ne leur parla pas et auquel ils ne parlèrent point, fut pris pour Jésus par quelques-uns des apôtres plus suggestionnables; mais plusieurs des Onze ne voulurent pas admettre que ce fut Jésus. Quelle devait être la physionomie de Jésus ressuscité? C'est ce dont les disciples ne se rendaient pas compte. C'est ce qui les portait à voir Jésus en tout étranger leur parlant avec autorité et connaissance des enseignements développés par Jésus au cours de sa prédication. Sans doute, la mort avait dû altérer les traits de Jésus et sa résurrection glorieuse avait dû également changer son apparence extérieure. Dans ces conditions, il était facile aux disciples de s'illusionner. Si encore en Galilée, l'inconnu avait parlé, s'il s'était fait connaître, il n'y aurait pas eu ces hésitations chez quelques-uns des Onze ; mais l'inconnu ne parla point. Nous disons que l'inconnu ne parla point ; car les paroles qu'un interpolateur postérieur à la confection du récit évangélique a prêtées à Jésus sont trop manifestement de la fin du IIIe siècle.

Ce fut, pensons-nous, à la suite de cette rencontre d'un inconnu que les Onze revinrent à Jérusalem, s'abouchèrent avec les partisans de Jésus restés dans cette ville, se communiquèrent leur foi dans le Christ ressuscité, et dans l'espérance du royaume messianique.

Pendant les quelques mois qui précédèrent la première prédication aux Juifs de Jérusalem, que se passa-t-il ? Quel travail s'opéra dans l'esprit des apôtres, des disciples de la première heure et des frères de Jésus ? Quels conciliabules eurent-ils lieu ? Nous n'en savons rien, nous ne le saurons probablement jamais, faute de documents sérieux sur les premiers temps du christianisme.

Nous pensons qu'il dut se trouver parmi les disciples de Jésus, des Juifs intelligents et instruits, pleins d'ardeur et d'enthousiasme, que les enseignements de Jésus avaient frappés. Ce fut ce petit groupe estimé à cent vingt fidèles par les Actes qui donna du cœur aux apôtres, les rallia sous leur direction et sous celle des frères de Jésus, héritiers naturels des prérogatives de leur frère aîné, qui forma le premier noyau de la communauté chrétienne de Jérusalem.

ARTICLE 5

Interpolations postérieures d'apparitions

Quand les chrétiens furent organisés en société et que les rites cultuels commencèrent à se développer, on sentit le besoin de certains textes pour appuyer certaines nécessités apologétiques, certaines institutions rituelles et certaines croyances qui commençaient à se faire jour dans l'enseignement chrétien. Afin de donner plus de valeur et de crédit aux nouvelles institutions, en les appuyant sur des paroles du Christ ressuscité, on forgea de nouvelles apparitions de Jésus qui toutes n'avaient qu'un but unique: faire entrer le Ressuscité en scène et lui faire prononcer des paroles sur lesquelles s'appuieraient les thèses des docteurs chrétiens.

Nous allons passer rapidement en revue toutes ces prétendues apparitions de Jésus. Nous suivrons, autant que possible, l'ordre chronologique de l'apparition de ces interpolations.

1° *Dans l'évangile selon Jean.*

L'évangile selon Jean compte quatre de ces interpolations. Les interpolations du compilateur de l'évangile de Jean sont quelconques : peu importe au compilateur la vraisemblance, la possibilité même des apparitions de Jésus. L'évangéliste ne voit que l'enseignement qu'il cherche à inculquer à ses lecteurs.

Dans la première interpolation, Jésus envoie ses disciples prêcher la Bonne Nouvelle et leur communique lui-même l'Esprit saint. Cette interpolation est complètement en désaccord avec la donnée de l'Esprit saint descendant sur les apôtres le jour de la Pentecôte. Assurément, l'interpolateur ne connaissait pas la donnée des Actes ou ne s'en souciait pas.

La seconde interpolation comprend l'épisode de l'incrédule Thomas. Le but unique de cette interpolation est bien claire : elle est à l'adresse des auditeurs incrédules des apôtres ; elle leur dit par la voix autorisée du Christ : « *Bienheureux ceux qui n'ont pas vu*

« *le Christ ressuscité, et qui cependant croient* « *à la réalité de cette résurrection.* »

La troisième interpolation eut lieu à l'occasion des difficultés soulevées par la rivalité qui exista dans la primitive Eglise de Jérusalem entre l'apôtre Simon-Pierre et l'apôtre Képhas, l'un des soixante-dix disciples. Képhas qui était actif et entreprenant, pour ne pas dire intrigant, avait d'abord cherché à s'immiscer dans les chrétientés fondées par Paul : repoussé par celui-ci, il s'était rejeté sur l'Eglise de Jérusalem et cherchait à établir sa prééminence sur les grands apôtres et même sur Simon-Pierre. Ce fut pour soutenir celui-ci que l'interpolation eut lieu.

L'interpolateur fait demander, par trois fois, à Simon-Pierre, par le Ressuscité, s'il l'aime véritablement. A la première réponse, Jésus aurait répondu : « Pais mes agneaux », signifiant par ces paroles : la direction des convertis du judaïsme. A la deuxième réponse, Jésus aurait encore répondu : « Pais mes agneaux », signifiant selon l'allégorique interpolateur : la direction des convertis de la gentilité. Enfin à la troisième réponse, Jésus aurait répondu : « Pais mes brebis », signifiant, cette fois, la direction des cent vingt disciples de la première heure, des soixante-dix autres disciples et des grands apôtres. Autrement dit, la direction et la surveillance de toute l'Eglise chrétienne.

La quatrième interpolation se fit par un interpolateur quelconque, vers la fin du IIIe siècle, lors de l'évolution de la pratique de la confession des péchés, alors que le besoin de ce texte se faisait vivement sentir. La voici : « *Les péchés seront remis à ceux à qui vous* « *les remettrez, et ils seront retenus à ceux* « *à qui vous les retiendrez.* »

2° *Dans l'évangile selon saint Luc.*

L'évangile selon Luc ne compte qu'une interpolation concernant les apparitions de Jésus.

Cette interpolation fut probablement introduite au moment de l'apparition des sectes gnostiques : alors que certains docteurs soutenaient que Jésus, surtout après sa résurrection, n'avait eu qu'une apparence fantastique, un corps apparent.

Pour les réfuter, on intercala dans Luc une prétendue apparition de Jésus, dans laquelle celui-ci aurait prouvé à ses apôtres qu'il n'avait pas une apparence fantastique et que son corps était bien réel et semblable à celui des autres hommes. Jésus aurait fait toucher ses pieds et ses mains, et aurait mangé en présence de ses disciples : « *Voyez mes mains* « *et mes pieds : un esprit n'a ni chair ni os*

« *comme vous constatez que j'en ai... Avez-*
« *vous quelque chose à manger? Ils lui don-*
« *nèrent un morceau de poisson frit et un*
« *rayon de miel; ce qu'il prit et mangea de-*
« *vant eux.* » (Luc, XXIV, 36).

3° *Dans l'évangile selon Mathieu.*

L'évangile selon Mathieu compte une petite glose interpolatrice qui n'a pas sa raison d'être. Jésus apparaît aux femmes et leur commande d'aller dire à ses frères qu'ils aillent en Galilée; alors qu'elles venaient de recevoir le même ordre de l'ange, qui leur avait assuré en plus que ce n'était qu'en Galilée qu'elles verraient Jésus. C'est là un manque d'entente incompréhensible entre Jésus et l'ange.

4° *Dans l'évangile selon Marc.*

Toute la finale de Marc, du verset 9 à la fin du chapitre n'est qu'une interpolation postérieure au IVe siècle.

Le compilateur de Marc ne connaît donc en fait d'apparition de Jésus que celle qu'eut Marie de Magdala, grande pécheresse en même temps que grande névrosée.

En définitif, toutes les apparitions de Jésus se bornent à quatre d'après les quatre évangélistes canoniques, défalcation faite des interpolations postérieures aux temps apostoliques, celle à Marie la Magdaléenne, celle aux femmes, celle aux deux disciples d'Emmaüs et celle à une grande partie des douze apôtres sur la montagne de Galilée. Toutes se ramènent à des illusions dues à des imaginations troublées ou délirantes.

En résumé, le fait de la Résurrection du Christ est un fait qui, historiquement, n'a jamais pu être démontré et qui ne le sera jamais.

D'autre part, la critique permet de reconstituer la façon dont s'est constituée, puis développée, cette pieuse croyance qui n'est et ne sera jamais qu'une légende sacrée.

Table des Matières

Poitiers. — Imp. M. Bousrez.

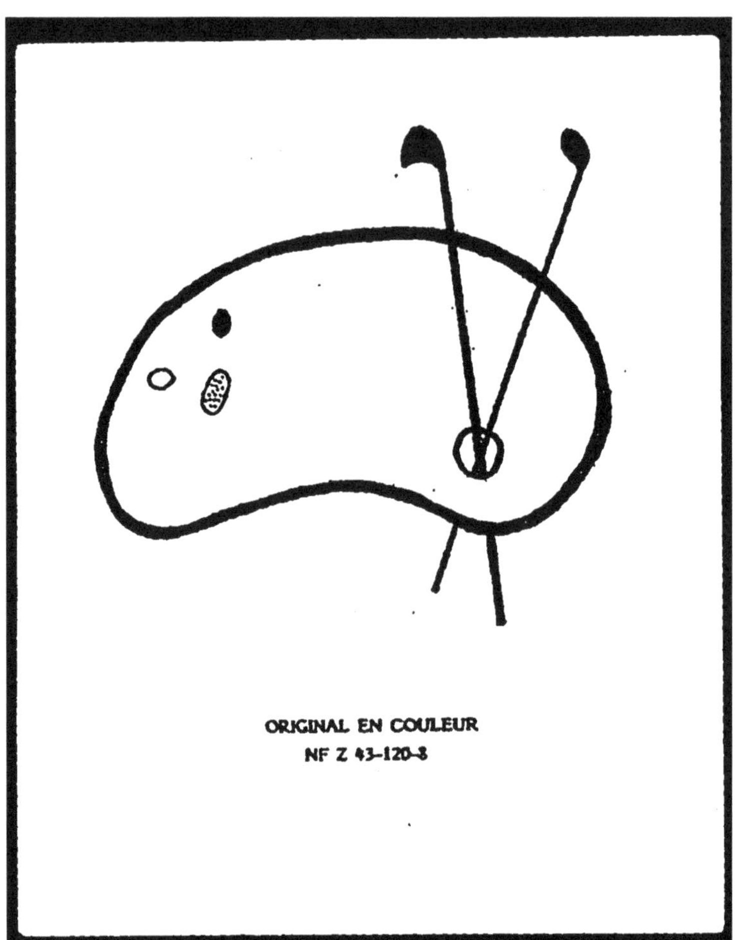
ORIGINAL EN COULEUR
NF Z 43-120-8